SOUS TON REGARD

Laurence LEMARCHAL

SOUS TON REGARD

Ce que le combat de Grégory a changé

Édition revue et augmentée

Avec la collaboration de Marc Teynier

Michel LAFON

118, avenue Achille-Peretti – CS 70024
92521 Neuilly-sur-Seine Cedex
www.michel-lafon.com

À mon fils Grégory,
à ma fille Leslie,
à mon mari Pierre.
Notre carré d'as est éternel.

À tous ceux qui rêvent et se battent.

PRÉFACE

La première image qui me vient à l'esprit lorsque je pense à Grégory Lemarchal, c'est son regard. Nous sommes le 22 décembre 2004 sur le plateau de la finale de la Star Academy et, après trois heures de show intense, je m'apprête à ouvrir la fameuse enveloppe qui contient le nom du gagnant de la saison. Je ne veux pas connaître le résultat avant d'ouvrir l'enveloppe mais, au fond de moi, je sais que ce soir-là Grégory a déjà tout gagné. Tout le monde le souhaite, le public devant la petite lucarne, les artistes présents sur le plateau, ses camarades aussi, à l'image de Lucie, finaliste et concurrente de Grégory, qui partage ce moment avec élégance et générosité. J'ouvre l'enveloppe, je commence à prononcer la phrase de circonstance qui annonce le vainqueur et c'est à ce moment précis que je sens le regard de Grégory se poser sur moi, alors que l'orchestre symphonique scande en boucle *Vivre pour le meilleur* de Johnny Hallyday. On se croirait dans une scène de film, cet instant infinitésimal dure une éternité, j'entends presque battre son cœur au ralenti dans la clameur de la salle, je prononce des mots face à la caméra en essayant de maîtriser mon émotion, mais c'est une autre histoire qui s'écrit bien au-delà des enjeux de l'émission. Je ressens le regard d'un garçon qui ne veut plus attendre le suspense de la télé, le regard d'un gamin qui a combattu la fatalité avec courage et pugnacité, le regard d'un artiste touché par le grand vertige des feux de la rampe, le regard d'un homme qui veut juste prendre sa vie en main. Et ce cri de rage lorsque la tension retombe alors que la salle est en liesse, un cri comme une revanche sur la vie qui ne lui a pas fait de cadeaux. Voilà la première image qui me vient à l'esprit lorsque je pense à Grégory : celle d'un homme qui se libère de ses chaînes et de son cortège d'épreuves injustes. Un garçon qui me signifie d'un simple regard qu'il a rendez-vous avec son destin.

Et puis il y a la vie, celle en dehors des caméras. Le quotidien d'un petit bonhomme de Chambéry, chamboulé dès la naissance par cette « putain de maladie » qui ne se voit pas mais qui ne s'en va pas. Un mal qui régit la vie de milliers de familles souvent dans l'indifférence. Grégory n'était pas une exception mais il a fait de sa vie quelque chose d'exceptionnel. Tous les jeunes atteints de mucoviscidose connaissent ce difficile parcours du combattant et ils le vivent dans leur chair bien souvent sans se plaindre. Cette dignité, je la retrouve chez ses parents, un papa et une maman qui n'ont jamais cherché la lumière, ni par procuration ni par ricochet. Laurence et Pierre sont pour moi un modèle de courage et d'intégrité, je me demande souvent où ils trouvent la force de continuer leur combat. Leur deuil, ils le transforment chaque jour en paroles et en actes. Pour les autres, tous les autres qui se sentent oubliés et seuls, pour que la souffrance ne soit plus synonyme de silence. Témoigner, informer, changer les choses en mobilisant les consciences et les pouvoirs publics, telle est la vie qu'ils ont choisi de mener. Pour honorer la mémoire de leur fils mais surtout pour honorer chaque seconde de la vie de ceux qui se battent contre la maladie. C'est comme cela que l'on renverse la fatalité, en affrontant ses peurs et ses propres bobos sans trembler. Pierre et Laurence, mais aussi leur fille Leslie, sont de cette trempe, des combattants, ils sont dans mon cœur comme ma propre famille. À chacune de nos rencontres, j'ai envie de les prendre dans mes bras et de leur dire merci. Merci de me permettre d'être à leur côté au sein de l'Association Grégory Lemarchal, merci de m'avoir permis de poser avec eux la première pierre de la maison de Grégory, des moments émouvants que je n'oublierai jamais. Aujourd'hui, ce n'est pas seulement la maman de Grégory Lemarchal qui prend la parole dans cet ouvrage, c'est une mère, une femme, une épouse, une âme qui reste debout et qui témoigne de ce qu'est la vie. Une formidable et cruelle aventure qui nous apprend à vivre comme si c'était le premier ou le dernier jour. Une vie qui n'a de sens que lorsqu'on la met au service des autres.

Nikos ALIAGAS

Voir dans tes yeux

Si tu pouvais prendre ma main
Si je pouvais conduire ton destin
Vers l'avenir je ferais en sorte
De te rendre encore plus forte

Si je pouvais voler de ta vie
L'ombre de ton âme sans bruit
Si je pouvais t'offrir mon cœur
Sans peines et ni blessures à l'intérieur

Alors je serais heureux
De voir dans tes yeux
L'éclair qui transforme les malheureux
En êtres lumineux

Grégory Lemarchal

Je te sens. Là, devant ce fronton où se détache en lettres d'espoir *Maison Grégory Lemarchal*, je suis émue, sereine, et le cœur gonflé d'amour. Ici, viendront bientôt trouver conseils et soutien des jeunes frappés comme toi par la mucoviscidose. Cette maison, à deux pas de l'hôpital Foch d'où tu t'es envolé, c'est à la fois le symbole de toutes ces années de lutte depuis ton départ, et le début d'une nouvelle histoire. Tu as vu, Greg, ce qu'on a fait grâce à toi ? Cette maison, c'est ta nouvelle pierre à l'édifice, et celle de tous ceux que tu as entraînés dans le sillage de l'Association Grégory Lemarchal, sympathisants, membres, bénévoles, donateurs, artistes, et bien sûr familles touchées par la maladie. Tu appartenais à ton public, et avais décidé de l'embarquer dans ton combat. C'est pour honorer ta volonté que nous avons fondé l'association qui porte ton nom. Les deux sont désormais indissociables, comme notre nom est à jamais lié à ton destin. Depuis quatorze ans, pour le grand public, Pierre et moi sommes « les parents de Grégory », et Leslie est « la sœur de Grégory ». Et ça nous va. Je suis fière et heureuse d'être définie comme ta maman. Ça veut dire que tu as réussi ta mission, qu'aujourd'hui plus qu'hier on sait la réalité de la mucoviscidose, et qu'on n'oublie pas. L'autre jour, Pierre a fait semblant d'en être vexé : à une gentille dame qui, comme cela arrive souvent, l'avait abordé d'un « vous êtes le papa de Grégory ? », il a répondu « Non, madame, je suis le fils de Lucien Lemarchal… » Sa façon à lui de relever que nous ne sommes pas toi, et n'avons rien d'extraordinaire. En vérité, on peut bien nous appeler comme on veut, du moment que ça fait avancer les choses. Devant l'entrée de cette Maison Grégory Lemarchal, je t'entends, Greg, dire « je ne me tairai plus, ne baissez pas les bras ». Bien sûr, c'est de la pierre, une trace indélébile de ton engagement et de ce que nous construisons année après année, mais le plus important reste ce qui va se passer à l'intérieur. Ceux qui franchiront cette porte veulent montrer comme toi que l'on peut être malade mais avoir des rêves, aussi simples soient-ils. Vivre et non survivre. Nous serons là pour eux, nous t'en avons fait la promesse. Il reste tellement de jeunes et de familles à aider, tellement de souffrances à soulager, et tant de sourires à redonner. Les années passent, je réponds toujours quand on me pose une question sur toi mais, tu vois, je ne pleure plus. Je suis Laurence Lemarchal, la maman de Grégory, cofondatrice de son association. Le passé m'appartient, je vis dans le présent, et pour le futur. Avec toi à mes côtés.

*
* *

En 2009, deux ans après le décès de Grégory, j'avais ressenti le besoin de raconter son histoire dans un livre, *Sous ton regard – le combat de Grégory continue*, essentiellement pour transmettre un message aux autres familles concernées par la mucoviscidose. J'espérais qu'elles trouveraient à travers le parcours de mon fils, depuis son plus jeune âge, des réponses à quelques-unes de leurs questions et se sentiraient moins seules. Les retours que j'ai pu recevoir après sa publication m'ont bouleversée. Rapidement, beaucoup de mamans de

« mucos » ont pris contact avec moi pour me dire qu'elles se retrouvaient dans mon récit, qu'elles avaient vécu des attitudes et des situations semblables, exprimé les mêmes colères, ressenti les mêmes joies, bref, que leur famille était comme la nôtre, par-delà le chemin propre à Greg, et que mes mots pouvaient être les leurs. Certains parents s'en sont servi de support pour arriver à communiquer entre eux. Une maman m'a raconté avoir posé le livre sur sa table de chevet pour que son mari puisse le lire, sans qu'elle ait à lui demander de le faire. D'autres l'ont laissé traîner pour leur enfant adolescent, avec qui elles n'arrivaient pas à engager la conversation. Inversement, des jeunes m'ont écrit pour me confier avoir compris à la lecture ce que leur maman pouvait traverser. Des soignants, aussi, ont puisé dans le livre pour expliquer à des gamins que Grégory avait vécu les mêmes étapes, y compris celles qu'ils avaient parfois du mal à accepter, comme les retards de croissance, ou ces toux incontrôlables qui peuvent les obliger à cracher leurs poumons à n'importe quel moment. Tous ces témoignages m'ont rassurée. Oui, donc, j'avais bien fait d'écrire ce livre. J'ai également été très touchée par la sollicitude de familles mises à l'épreuve par d'autres pathologies, et qui se sont reconnues dans cette obligation de résilience pour nos enfants. J'en ai souvent eu les larmes aux yeux.

Le livre *Sous ton regard* s'est vendu à plus de 113 000 exemplaires, ce qui bien sûr dépasse très largement le cadre de la « communauté » de la mucoviscidose. Et ça aussi, ça me réconforte, car cela signifie que nous avons rempli là notre mission de sensibilisation. Dans un livre, davantage que sur un plateau de télévision, on prend le temps de rentrer dans les détails, d'exprimer ce qui souvent ne se voit pas. Je ne regrette donc absolument pas de m'être livrée ainsi, j'ai dû lâcher prise et, contre toute attente, cela m'a fait du bien. En revanche, je ne m'attendais pas à être confrontée aux émotions des lecteurs lors des séances de dédicaces. Je n'y avais pas pensé, tout simplement. Beaucoup de ceux qui se sont déplacés jusqu'à moi sont venus en souvenir de Greg, pour me témoigner leur affection, ou leur tristesse, toujours avec bienveillance, parfois avec maladresse. Ils s'adressaient à la maman de l'artiste, en oubliant pour certains que cette maman avait perdu son fils. J'ai souvent entendu des phrases telles que « votre fils, qu'est-ce qu'il me manque ! » ou « je pleure tous les jours », et encore « vous savez, j'ai appelé mon fils Grégory… » Loin de moi de m'en offusquer. Leur amour pour le chanteur était profond, et leur douleur sincère, et cela fait toujours chaud au cœur, mais avec le temps j'ai appris à dissocier l'artiste de mon fils, et peut-être que cela m'y a aidé. L'artiste appartient au public, et il est maintenant dédié à sa cause, je l'ai accepté puisque c'était son vœu, et je serai toujours reconnaissante à ces lecteurs d'avoir rejoint notre combat.

Au cours des toutes dernières années, j'ai songé quelques fois à écrire une suite à *Sous ton regard*. Nous avons vécu tant de choses avec l'association, et la prise en charge de la maladie a grandement évolué. J'avais des choses à dire mais je sentais bien, aussi, que je n'étais pas prête à recommencer ce travail de mise à nu. J'ai même essayé, sans succès, il me fallait toujours trouver le bon moment, le ton juste, la raison d'être d'un nouveau livre, en quoi il pouvait être utile, comme si j'en repoussais la nécessité. Le déclic a fini par arriver, avec le téléfilm retraçant le parcours de Grégory, diffusé sur TF1 en septembre 2020.

À plusieurs reprises, il nous avait été proposé de faire ce qu'on appelle un « biopic », une œuvre de fiction retraçant la vie d'une personnalité. Nous avons toujours refusé. L'idée même de voir mon fils incarné à l'écran par quelqu'un que je ne connaissais pas m'était insupportable. Trop tôt, trop dur, mais aussi très risqué. Un tel projet dépasse le cadre de notre seule famille et peut avoir des répercussions sur l'association, et ça c'était inenvisageable. Et puis, pour le seul domaine de la chanson, des biopics marquants ont été consacrés à Claude François, Serge Gainsbourg, Elton John ou Freddie Mercury, qui ont laissé des œuvres immenses au regard de la carrière interrompue de Greg et, en son for intérieur, Pierre craignait un peu un procès en illégitimité. Un jour, Mathieu Vergne et Sébastien Charbit ont sollicité Pierre avec l'idée d'un téléfilm de quatre-vingt-dix minutes. Nous connaissons bien Mathieu. Il a été producteur de la Star Academy, puis nous a beaucoup aidés lorsqu'il était en poste à TF1, avant de redevenir producteur lui-même. Quant à Sébastien, c'est un professionnel reconnu du monde de la fiction. Suite à leur premier coup de fil, ma réponse à Pierre fut assez claire : « Même pas en rêve ». Ils ont compris, le temps a passé, et deux arguments nous ont fait réfléchir. D'abord, n'importe qui était en droit de réaliser une telle fiction sans nous demander notre avis, alors peut-être avions-nous intérêt à travailler avec des gens en qui nous avions confiance. Ensuite, et c'était une condition sine qua non, Mathieu et Sébastien nous ont exposé une vision en cohérence avec nos valeurs personnelles et le message véhiculé par l'association. Leur téléfilm serait inspiré de mon livre *Sous ton regard* et de celui de Leslie *Mon frère l'artiste*, pour raconter au plus près le combat d'une famille. Pour résumer : qu'est-ce qu'on fait quand on a 25 ans et qu'on apprend que son gamin est atteint d'une maladie mortelle ? Nous avons accepté, non sans appréhension, mais avec la garantie que nous aurions notre mot à dire à chaque étape.

Ce téléfilm s'appellera donc *Pourquoi je vis.* « Pourquoi je vis, pourquoi je meurs / Pourquoi je ris, pourquoi je pleure ». Ce sont les premières phrases de *SOS d'un terrien en détresse*, la chanson de Daniel Balavoine dont l'interprétation par Grégory à la Star Ac' avait tant marqué les esprits. Et qui avait tant marqué Greg lui-même. Je crois qu'on ne pouvait pas choisir meilleur titre pour ce biopic. Dans mon cœur, *Pourquoi je vis* résonne comme le questionnement qui pouvait assaillir mon fils à ce moment-là, et l'affirmation qu'il est encore en vie aujourd'hui par son héritage musical, le message qu'il a porté et les actions que nous menons en son nom.

Nous avons reçu le scenario pour le commenter, corriger des imprécisions, suggérer des modifications. Premier moment redouté. À juste titre. Leslie, Pierre et moi le lisions chacun de notre côté, et nous retrouvions le soir pour en discuter. L'enfance, l'adolescence, la découverte de la chanson… Mon Dieu, nous replonger dans tous ces épisodes de notre vie fut d'une violence que nous ne soupçonnions pas. Nous nous sommes accrochés à notre motivation profonde : nous assurer qu'aucune erreur n'entacherait notre vision de la vie ou la perception de la maladie ; nous adresser aux personnes touchées par la mucoviscidose ou d'autres pathologies ; faire en sorte de sensibiliser une nouvelle fois les téléspectateurs à cette réalité. Alors bien sûr, nous avions bien conscience que nous parlions d'une fiction et que cette réalité devait être allégée, parfois raccourcie, pour les besoins de la narration. Évidemment, nous ne pouvions montrer dans le détail la dureté des soins quotidiens et de l'évolution de la maladie.

Et encore moins la fin. Nous avons assumé cette nécessité, et collaboré au mieux avec les équipes.

Nous avons eu beaucoup de contacts avec les acteurs. Arnaud Ducret a accepté de jouer le rôle de Pierre, et Odile Vuillemin le mien. Arnaud Ducret est celui avec qui j'ai le moins échangé, par la force des choses, mais je sais que Pierre et lui se sont bien entendus et ont régulièrement discuté du personnage et de ses réactions. Ils ont visiblement le même humour, la même énergie et l'envie d'aller au bout des choses. Je sais aussi qu'Arnaud aime artistiquement Grégory. Avec Odile, j'ai inévitablement été plus impliquée émotionnellement. Nous nous sommes parlé pendant des heures, elle m'a poussée dans mes retranchements, m'appelant la veille de tourner des scènes compliquées et m'entraînant à revivre ces moments pour qu'elle puisse, elle, être au plus proche de la vérité devant la caméra. Elle m'a tiré beaucoup de larmes, essayé de me faire rire, aussi, de m'accompagner dans ce processus, et y a mis toutes ses tripes. Avec moi, elle n'a pas été qu'une actrice, et aujourd'hui encore nous nous appelons comme des copines.

Vous imaginez, maintenant, combien j'ai pu redouter le moment de découvrir Mickaël Lumière, le jeune comédien pressenti pour jouer Greg. C'est allé très vite. En regardant la vidéo de son casting, nous avons tout de suite pensé « c'est lui ». Au-delà de la ressemblance physique troublante, il dégageait quelque chose de fort et d'humain. Nous avons ensuite beaucoup discuté ensemble, il était clair qu'il voulait faire les choses bien, et se sentait une responsabilité. Il a énormément travaillé pour l'incarner, regardé des heures et des heures de vidéo pour trouver la bonne posture, les bonnes mimiques, a même perdu huit kilos pour le rôle.

Il nous a avoué qu'il avait huit ans à l'époque de la Star Ac' 4, qu'il la regardait avec sa mère en rentrant de l'école, et qu'on lui avait plusieurs fois dit, plus tard, qu'il avait quelque chose de l'apparence de Grégory. Surtout, et cela me touche profondément, il a de lui-même pris l'initiative de rencontrer des jeunes atteints de mucoviscidose pour connaître la maladie, pour comprendre Grégory. Alors peut-être suis-je une fois de plus un peu « mystique », mais je suis persuadée que Mickaël nous a été envoyé…

L'essentiel du tournage a eu lieu en Savoie, tout près de chez nous, de l'endroit où Greg a grandi. La production y a même reconstitué le fameux château de la Star Academy. Pierre s'est rendu régulièrement sur le plateau, obsédé par l'idée que des « mucos », leurs parents et des soignants allaient voir le film et qu'il fallait faire attention de ne pas montrer n'importe quoi. Il y a été aussi vigilant que possible, parfois ça tenait à un détail, parfois non. Il a insisté sur l'importance de se laver les mains avant tel geste, sur le déroulé d'une séance de kinésithérapie respiratoire, le port des protections, d'avoir une bouteille d'eau à l'écran pour montrer le besoin impérieux de s'hydrater induit par la maladie. Et puis il a eu une idée qui sera passée inaperçue pour l'ensemble des téléspectateurs, sauf ceux côtoyant la mucoviscidose. Il a demandé à trois jeunes que nous connaissons bien d'enregistrer leur toux, si caractéristique, seul signe identifiable, et donc si important pour toutes celles et ceux qui en souffrent. Merci, mille fois, à ces jeunes hommes de nous avoir fait confiance sur un sujet aussi intime.

Cette aventure un peu particulière nous aura laissés Leslie, Pierre et moi, complètement lessivés. Nous avons évidemment pu visionner le film en entier avant sa diffusion, seuls, tous les trois, dans un bureau de la société de production. À la fin, nous sommes restés une demi-heure sans pouvoir parler à quiconque. L'équipe attendait, anxieuse, derrière la porte, notre jugement. Mais étions-nous les mieux placés ? Je dois le redire ici pour éviter tout malentendu : ce que vous avez vu ce soir-là n'est pas une représentation totalement exacte, ni du chemin de Grégory, ni de la mucoviscidose, ni de notre famille. Mickaël n'est pas Grégory, et je ne l'ai jamais vu comme tel. Odile n'est pas moi, et Arnaud n'est pas Pierre. Je parlerai plus loin de Leslie, dont la présence est presque anecdotique dans le film, mais si précieuse dans la réalité. Nous avons vu des acteurs, avec leurs propres attitudes, leurs façons de s'exprimer, et ce sont des acteurs formidables, qui nous ont offert une famille qui nous ressemblait. Rappelez-vous, c'était l'objectif initial : comment continue-t-on de vivre avec un enfant gravement malade… Le contrat était joliment rempli, nous avons donné notre accord, le reste n'est que compromis, et, comme souvent, seul le public serait juge à la fin…

Le soir de la diffusion, devant notre télé, je n'espère qu'un impact positif pour l'association ; Pierre, lui, s'inquiète aussi de ce qu'en pensera notre famille, frères et sœurs, cousines et cousins, si proches, et qui se retrouvent toujours embarqués dans nos histoires. Les premiers messages sont positifs, mais nous devons attendre le lendemain matin, et les fameuses audiences, pour être un peu plus rassurés. Le public a été au rendez-vous : plus de 7,3 millions de téléspectateurs en moyenne pour la soirée. Le documentaire *Et maintenant* diffusé juste après a, lui, retenu près de 2,7 millions de téléspectateurs jusqu'après minuit. De ce seul point de vue, déjà, nous avions gagné notre pari en nous adressant au plus de monde possible. Mais le soulagement viendra de la multitude de témoignages reçus. De familles pour qui nous œuvrons, d'abord, et de la foule des anonymes. Ce fut une belle surprise de réaliser que beaucoup de ces messages provenaient d'une nouvelle génération, qui avait découvert Grégory et la mucoviscidose avec ce biopic, ou de ceux qui avaient 15 ans à l'époque de la Star Ac' et n'avaient pas bien compris toute l'histoire. Je n'avais pas eu le recul de percevoir que, même si j'avais déjà écrit cette histoire dans un livre, et qu'il y avait eu des documentaires sur mon fils et des émissions de divertissement pour rendre hommage à l'artiste qu'il était, beaucoup n'en savaient rien et ne s'étaient pas rendu compte de ce que cela voulait dire, pour lui, pour les autres, de vivre avec la mucoviscidose.

Ce qui nous revient le plus quand on nous parle de Grégory, et encore une fois après ce téléfilm, c'est la joie et la force de vie qu'il dégageait malgré tout. Et rien ne peut d'avantage nous réchauffer le cœur. Cela veut dire qu'il a été compris, et que, quand nous relayons son message auprès des jeunes, nous sommes compris. Cela peut d'ailleurs sembler paradoxal : comment Greg peut-il symboliser l'espoir pour d'autres malades, quand lui-même a succombé à la maladie. Il n'est pas rare que j'entende chanter *Écris l'histoire* lors de manifestations organisées au profit de l'association. Dans cette chanson, il dit « n'écris jamais la fin », et c'est exactement ce qu'ont choisi de retenir ces jeunes. Chacun a son histoire à écrire. Quand leurs parents pensent à Grégory, beaucoup sont focalisés sur son départ à 24 ans, et c'est humain ;

les patients, eux, savent qu'il s'est battu, et retiennent le chemin : qu'est-ce qu'on fait de sa vie ? Au fond, c'est exactement ce que je racontais dans le livre *Sous ton regard*.

Je n'en changerais pas une ligne aujourd'hui, je ressens chaque mot, chaque sentiment, comme lorsque je les ai écrits en 2009. C'est pourquoi, avec l'éditeur Michel Lafon, nous avons pris le parti de redonner tel quel au cœur de cet ouvrage le manuscrit original, qui n'était plus disponible en librairie depuis de nombreuses années, et de le compléter, d'expliquer la suite et tout ce que l'association apporte grâce à Greg. Les deux sont indissociables, on ne peut appréhender l'un sans l'autre. Et puis je sens que c'est pour moi le moment. Je suis plus apaisée. Jamais je n'aurais imaginé, il y a douze ans à la sortie du livre, que cela soit possible. J'étais dans une énergie de douleur et de colère. Cette Laurence de 2009 que vous allez découvrir ou redécouvrir, j'aurais envie de la prendre dans mes bras, de la consoler, et lui chuchoter que ça allait bien se passer. Je n'ai pas vu le temps filer, j'ai l'impression de pédaler, pédaler, sans jamais m'arrêter. Et de fait, si je me retourne deux minutes pour pouvoir écrire ces nouveaux chapitres, je vois la distance parcourue…

J'allais avoir quarante-huit ans quand Grégory est décédé, ce qui me paraît bien jeune maintenant que je vais sur mes soixante-deux. Mais cela veut surtout dire que j'ai vécu plus de temps sans mon fils, physiquement, qu'avec lui depuis que je suis sur cette terre. Je n'aurais pas cru, après ces vingt-quatre années d'amour, pouvoir tenir le coup, et moi-même aujourd'hui réconforter des mamans au téléphone. Si j'y suis parvenue, c'est grâce à Leslie, c'est grâce à Pierre, et c'est grâce à l'association. Que serais-je devenue sans l'association ? Hier encore, je me posais la question. Si je suis honnête, je n'aurais jamais pu reprendre ma vie d'avant, je n'aurais pas supporté ma souffrance sans pouvoir la transformer en quelque chose d'utile pour les autres. M'occuper de cette association, c'est comme continuer à m'occuper de mon fils, et ce ne sera jamais un poids. Mon fils m'a rendue altruiste, et en étant altruiste on s'aide soi-même. Je ne juge pas ceux qui ne le sont pas, je crois qu'on le devient souvent quand la vie nous oblige à nous surpasser. Je me souviens de mots forts de France Gall qui parlait de la mort d'un enfant en disant que c'était « extraordinaire », au sens premier du terme, ce qu'on nous faisait vivre, tellement c'était inhumain, et qu'elle avait voulu le regarder en face. Aujourd'hui, j'essaye de souffler doucement aux autres mamans qui ont perdu un enfant, quelle que soit la maladie, qu'avec le temps elles apprendront à vivre avec lui d'une autre façon. Je le dis souvent à Greg, d'ailleurs : « Tu m'as rendue encore plus forte ». Oui, Titi, comme dans ton texte *Voir dans tes yeux* qui ouvre ce chapitre, tu as pris ma main, tu as conduit mon destin. Pour vous en rendre compte, je vous propose un petit saut dans le temps. Je vais vous raconter l'histoire d'un gamin qui croquait la vie et rêvait plus grand que lui.

J'irai vers la lumière

J'irai vers la lumière
Pour faire sécher les larmes
De ces pauvres enfants
C'est mon combat
J'irai vers la lumière
Pour faire tomber les armes
De ce mal permanent...

Grégory Lemarchal

Chaque jour, je pense à lui. Chaque jour, je parle de lui. Chaque jour, je lui parle. Il est là, avec moi, avec Pierre, son père, mon roc, avec Leslie, sa petite sœur chérie, ma force tranquille. Il nous entend, il nous voit. Pensez que je suis folle, que la douleur m'aveugle, que je refuse d'admettre l'inadmissible. Pensez ce que vous voulez. Je suis une mère, mon cœur et mon ventre ne peuvent mentir. Grégory est là. Je le sens, je le sais. Pour lui, pour ma fille, je n'ai pas le droit de me laisser aller. Je suis debout, je me tiens droite. Je le lui ai promis.

J'ai été amputée le 30 avril 2007. En emportant Grégory à l'aube de ses vingt-quatre ans, la mucoviscidose a arraché une partie de moi, une vie d'inquiétudes et de tendresse, de lourdes angoisses puis de rires, de grands projets pour l'avenir, de purs moments de bonheur et d'espoir, mais elle n'a pas réussi à briser le carré d'as que nous formions en famille. Il n'y a pas de fin après la fin. Notre amour si ardemment cultivé continue de grandir, nous rions, pleurons, vivons toujours ensemble, et ensemble, chaque jour, nous regardons la mucoviscidose en face en lui jurant que son tour viendra.

Ce combat, nous l'avons engagé il y a vingt-cinq ans. Grégory s'y est investi auprès de son père dès qu'il l'a pu. Ensemble, par exemple, ils ont chanté lors de manifestations de sensibilisation dans notre région, la Savoie. C'était bien avant la Star Academy, les fans et les caméras des plateaux télé. Greg a continué plus tard, mais toujours dans l'ombre. Il ne voulait pas qu'on puisse le soupçonner de mettre en avant la mucoviscidose pour servir sa carrière. Vivre avec était suffisamment pénible, l'idée qu'elle doive en plus éclipser l'artiste qu'il était en train de devenir lui était insupportable. Et puis le temps a fait son chemin. Son premier album avait marché, il préparait le deuxième, il n'avait plus peur et avait décidé de parler. Pendant un séjour à l'hôpital, devant la souffrance des autres enfants, il s'est révolté :

– Maman, j'en ai marre. À la télé, je vois le Téléthon ou le Sidaction, qui sont des moyens formidables pour informer le grand public, et il n'existe rien pour parler spécifiquement de la mucoviscidose. C'est pourtant la maladie génétique grave la plus fréquente ! Je ne peux plus me taire. Une fois que je serai greffé, je ne me tairai plus.

Ces poumons qu'il espérait tant ne sont jamais arrivés. Il n'a pas eu le temps d'expliquer ce qu'enduraient les personnes atteintes comme lui de mucoviscidose. Une semaine avant de partir, coincé sur son lit à l'hôpital Foch de Suresnes, il pensait encore à elles, et à l'avenir. À la précieuse Grenadine, qui s'occupe toujours de son fan-club, il confiait droit dans les yeux : « Quoi qu'il arrive, dis-leur, surtout, de ne jamais baisser les bras. »

L'annonce brutale de son décès a ému la France entière, mais on n'imagine pas combien le choc a été dévastateur pour les « mucos ». Nous le redoutions, mais nous ne pouvions en mesurer l'ampleur. Dans tous les Centres de ressources et de compétences pour la mucoviscidose (CRCM) du pays, les équipes médicales ont dû assister psychologiquement les patients : certains voulaient arrêter de se soigner, découragés. Ces jeunes s'étaient reconnus en Greg, ils avaient vu qu'on pouvait soulever des montagnes, devenir maçon, avocat ou chanteur si on en rêvait. Ils avaient cru en lui, et Greg était mort malgré tout. Il fallait qu'on réagisse, qu'on mobilise l'opinion publique pour éviter que la mucoviscidose et ceux qui en souffrent ne retrouvent leur strapontin dans les médias. Pour David, Ornella ou Lucile, pour tous ceux qui sont partis et pour tous ceux qui s'accrochent à la vie et à la certitude qu'un jour on éradiquera cette saloperie, nous n'avions pas le droit de disparaître, de rentrer chez nous en refermant la porte sur notre malheur. C'eût été les trahir, et trahir Greg. Nous avons tout de suite décidé de fonder l'Association Grégory Lemarchal. Non, mon fils n'est pas parti pour rien. Il ne se tait plus.

Dans les mois qui ont immédiatement suivi le départ de Grégory, le nombre de dons d'organes et les demandes de cartes de donneurs ont fait un bond spectaculaire. L'émotion, sans doute, la prise de conscience, peut-être. Aujourd'hui, tous les patients nous disent qu'on parle plus facilement de la mucoviscidose qu'avant. Malheureusement, on sait que sans un effort continu, ces avancées se noieront dans l'oubli du quotidien. La mucoviscidose est une maladie dite orpheline – alors que c'est elle qui tue nos enfants –, ce qui signifie qu'elle concerne moins d'une personne sur deux mille, pas « assez » pour inciter les grands laboratoires médicaux à se lancer dans des recherches onéreuses, ou l'État à octroyer de larges subventions. C'est donc encore une fois à la société civile de solliciter toujours plus la générosité des Français. Parce que moins de dons, ça veut dire moins d'espoir. Grégory n'imaginait pas, quand il s'est inscrit à la Star Academy, qu'un jour serait créée une association à son nom et que cette association susciterait tant d'empathie auprès des gens. Nous non plus. Mais en l'accompagnant à l'hôpital, jusqu'au bout, nous avons été confrontés à la réalité du milieu hospitalier, au manque de moyens, à la vétusté, au désarroi des patients et des familles, à leur inégalité face à l'argent, à l'insupportable attente d'un greffon, tout ce que le corps médical le plus compétent ne peut régler, même avec la meilleure volonté du monde. Cette volonté, nous l'avons faite nôtre, à travers l'association, grâce aux donateurs, grâce à Grégory.

C'est sur les routes, aujourd'hui, que nous passons une grande partie de notre vie. Pierre anime des réunions d'information, tient les stands de l'association lors de manifestations, chante bénévolement pour récolter des fonds. Moi, je fais le tour des CRCM aux quatre coins de la France, j'écoute le corps médical, j'étudie les besoins, je rencontre des patients et des familles.

Comme une impérieuse nécessité, le premier grand projet de l'Association Grégory Lemarchal s'est tourné vers l'hôpital Foch de Suresnes, où notre fils était suivi, où il s'est endormi. Je ne pensais pas pouvoir y retourner. Il a bien fallu. Je me revois pénétrer dans la cour. À droite, le hall d'accueil. À gauche, cette chapelle qui m'est devenue si familière. Mon mari aimait beaucoup s'y recueillir. Du moins dans les premiers temps. À la fin du mois d'avril, Pierre a passé de longues minutes planté devant, à la regarder, incapable d'en pousser la porte, la foi rongée par la colère. Son fils agonisait, et Lui, là-haut, ne faisait rien… Au centre de la cour, il y a toujours cet arbre esseulé au milieu du bitume, la « forêt » de Greg, ce souvenir d'une nature qu'il aimait tant respirer. Juste derrière, à gauche, un escalier descend vers l'ancien service de pneumologie. Je ne vais plus là-bas. C'est un endroit que l'on devrait oublier, même si l'on n'oubliera jamais. Je prends à droite, vers le bâtiment où sera implanté le nouveau service. Je suis là pour parler d'avenir…

Au fil des réunions de travail avec l'équipe de l'hôpital, mes angoisses ont disparu. Nous étions dans le concret, à élaborer un service de pneumologie « témoin » qui répondrait à la fois aux exigences médicales et aux attentes des patients. Oh, nous n'avons rien inventé de révolutionnaire, nous avons juste essayé de démontrer que faire un endroit beau et accueillant ne coûtait pas forcément plus cher. Les murs jaunâtres du couloir ont été peints en blanc et ornés de grands coquelicots autocollants, les portes des chambres ont pris des couleurs vives, le linoléum brillant a fait place à une parfaite imitation de parquet. Dans les chambres, des lampes de chevet ont remplacé les néons blafards, les tables et les fauteuils semblent tout droit sortis d'un magasin de décoration, nous avons accroché aux murs des peintures de paysages, comme une lucarne apaisante où poser son regard et se raccrocher à la beauté de la vie. Chaque chambre a aussi été équipée d'un terminal multimédia, pour que les patients les plus défavorisés aient enfin accès gratuitement à Internet, à la radio et à la télévision, et ne soient plus coupés du monde extérieur. Nous avons fait installer un système de rafraîchissement d'air, pour qu'ils respirent mieux, surtout l'été, et créé une salle de détente, qui peut aussi bien accueillir les familles. Je me souviens que, dans l'ancien service, quand Grégory était en soins, nous devions attendre sur un banc, dans un passage, à la vue de tous. Nous n'avions pas d'endroit où pleurer. On pourrait penser que nous avons transformé l'hôpital en hôtel cinq étoiles. Mais non, ici, des gens souffrent. Soyons clairs, ils n'ont qu'une envie, c'est de rentrer chez eux, et la priorité, c'est qu'ils reçoivent les meilleurs soins. Le cadre hospitalier ne remplacera jamais leur maison, ni l'amour dont ils ont besoin. Mais pour se soigner, il faut déjà une bonne dose de détermination. Être hospitalisé est angoissant, surtout quand les séjours peuvent durer jusqu'à un an, parfois loin de votre famille. Alors la moindre des choses est d'adoucir leur peine, d'œuvrer pour qu'ils ne dépensent leur énergie qu'à une seule fin : s'en sortir. De l'apaisement, voilà ce que nous voulons. Pour eux, pour ceux qui s'en occupent et pour leurs proches. Qu'ils n'appréhendent plus de venir à l'hôpital. Le bien-être et le confort des personnes touchées par la mucoviscidose, c'est l'objet du premier statut de notre association.

*

* *

Nous avons inauguré ce service le 13 novembre 2008. Sur l'estrade, pendant les discours officiels, j'ai du mal à contenir mon émotion. Pierre, Leslie et Karine, mon amour de belle-fille, se tiennent près de moi. Olivier, le manager de Grégory, son « poteau », notre ami, n'est pas loin. Les images que j'essayais de gommer remontent à la surface, me font mal, et en même temps je me sens sereine, contente de pouvoir enfin montrer à nos donateurs dans quelle direction nous allons, comment nous utilisons leur argent. Ouvrez les yeux, messieurs les politiques ! Voilà ce que les associations peuvent faire ! Et vous, comment comptez-vous nous aider ? Je regarde dans la salle. Près de quatre cent cinquante personnes ont répondu à notre appel. Je vois des amis, des membres de notre famille, des représentants du corps médical, des patients, des anonymes. Je vois des fidèles de TF1, d'Universal et d'Endemol, des artistes, des musiciens qui ont côtoyé Greg ces dernières années. Je vois des sourires, des yeux qui brillent de larmes, des parents qui pleurent en regardant leur enfant. Je vois beaucoup d'humanité, je vois de la rage, je vois de l'espoir. Nous sommes au cœur même de la vie, il n'y a pas d'artifices. Je vois mon fils qui embrasse tout le monde de son aura, qui plane au-dessus de cette soirée. Je le retrouve dans les visages des jeunes adultes atteints de mucoviscidose qui ont fait le déplacement. On les connaît, on sait ce qu'ils traversent. Ils sont venus de Paris, de Calais ou d'Ajaccio avec leur masque, avec leur oxygène, avec leur mal, avec leur force. Je croise le regard de Pierre. Nous sommes heureux qu'ils soient là. L'opinion publique, c'est une chose, mais ce sont eux les plus importants. Discrets par nature, ils n'osent pas toujours nous aborder, comme s'ils pouvaient déranger, alors que c'est pour eux que nous sommes ici. Quand on parle de Greg, on parle d'eux. Ce soir, pour cette foule hétérogène, il n'est pas question de l'artiste Grégory Lemarchal, c'est l'être humain qui nous unit. Mais même dans cette ambiance bon enfant, ce moment de vie qui peut être agréable, je n'oublie pas la raison de notre présence. Ce qui se passe ici ce soir n'est pas un aboutissement. C'est une victoire, mais ce n'est que le début. C'est un peu notre premier *prime time*. Nous avons juste gagné le droit de continuer.

À l'entrée du nouveau service de pneumologie et de transplantation de l'hôpital Foch, il y a une grande plaque commémorative. Accolé à une photo de Greg souriant vers le ciel, on peut y lire ce texte :

Grégory

Ta force, ta rage, ton merveilleux talent, ta joie de vivre et toute cette belle humanité qui t'appartenaient ont touché des millions de personnes. Grâce à toi et aux nombreux donateurs que tu as su rassembler, nous avons pu concrétiser ici un de tes vœux les plus chers : adoucir les journées vécues à l'hôpital.

Ta générosité et ta formidable énergie ont fait prendre conscience au plus grand nombre du véritable combat que tu as mené et que nous continuons tous, pour en finir avec la mucoviscidose.

Pour toi, avec toi et pour tous, nous y parviendrons.

Grégory n'aurait pas aimé cette plaque, j'en suis sûre. Il m'aurait dit : « Maman, on s'en fout de ça ! On n'a pas besoin de mettre ma photo sur un mur, le principal, c'est que les choses soient faites ! » C'est vrai, mais pour que les choses soient faites, il faut que les gens n'oublient pas. Le formidable élan de générosité qui rend nos actions possibles n'est malheureusement lié qu'à la disparition de Grégory. Et demain ? Tant que la mucoviscidose n'aura pas été vaincue, nous devrons rafraîchir les mémoires, provoquer la réflexion, rappeler que les enfants atteints de cette pathologie ont droit à leurs rêves, comme Grégory a réalisé le sien, et qu'ils ont le droit de vivre dans des conditions décentes quand ils n'ont d'autre choix que de le faire à l'hôpital. Cette plaque, elle n'est pas pour Grégory. Nous n'avons pas besoin de lui rendre hommage ou de perpétuer sa mémoire. Grégory nous appartient en tant que fils, en tant que frère. Pour nous, c'est trop tard. C'est pour les autres qu'il faut finir le travail. Je serai heureuse le jour où je pourrai revenir à l'hôpital Foch décrocher cette plaque, ça voudra dire qu'on peut rentrer à la maison. Ce n'est pas un fardeau, nous ne faisons pas les choses par devoir. Mon amour pour mon fils est éternel, comme chez toute mère qui a perdu son enfant. Ce que nous accomplissons aujourd'hui, ce ne sont que des preuves d'amour supplémentaires. Il le répétait à l'envi : « Peu importent les blessures de nos vies et nos peines à l'infini, il faut continuer à avancer et à se battre ». Alors autant que notre souffrance serve à quelque chose. Cette lutte permanente nous aide aussi à tenir, nous essayons de donner un sens à tout ça, même si c'est difficile parfois…

Bien sûr, j'ai souvent des doutes. Chaque fois que nous entreprenons quelque chose, je me pose des questions. Est-ce que nous avons raison ? Est-ce que c'est utile ? Qu'aurait fait Grégory ? Quand je me rends dans des hôpitaux, les personnes concernées par la mucoviscidose me demandent comment, lui, arrivait à gérer sa vie. C'est pour répondre à leurs questions et ouvrir les yeux de tous les autres que j'ai accepté de me confier dans ce livre. Au moment de l'écrire, pourtant, j'ai peur de ne pas trouver les mots, de ne pas être dans la vérité. Seul Grégory savait ce qu'il vivait profondément, je ne peux que donner mon ressenti de ses sentiments et des événements, même si je n'ai jamais été très loin de lui. Ses propres mots ne pouvant trahir sa pensée, j'ai décidé de publier en ouverture de chaque chapitre un de ses textes inédits, ou du moins un extrait. Celui de ce premier chapitre est aussi l'un des premiers qu'il ait écrit. Il y promet d'aller vers la lumière et de désarmer la mucoviscidose. J'ai lu quelque part que Grégory avait perdu le combat. C'est faux. L'aventure Star Academy et les années qui ont suivi l'ont rendu plus fort, au point qu'il se croyait invincible. Sur le moment, je n'ai pas compris, mais je sais maintenant qu'il avait raison. Grégory est invincible.

Des sourires

Malgré toutes les douleurs de la vie
Et toutes ces peurs à l'infini
Malgré toutes les épreuves qui s'imposent
Pour moi, la vie reste une rose
Vers cet avenir, je regarderai
Avec mes armes, je me battrai
Seulement pouvoir, s'en donner les moyens
Pour aller trouver mon destin
Tout a commencé par tant de soupirs
Ces petites faiblesses qui nous rongent
Alors on se dessine des nouveaux sourires
Loin des tensions, loin des mensonges
Tout l'amour de la Terre que l'on m'a offert
Me dessine des sourires
Pour ça je dis merci à mon père, à ma mère
Qui m'ont dessiné ces sourires…

Grégory Lemarchal

Pour le grand public, Brice Davoli est ce jeune et grand garçon bourré de talent qui a remplacé Matthieu Gonet au côté de Jasmine Roy comme répétiteur vocal des élèves de la Star Ac' 8. Pour Grégory, il était bien plus. Sans lui, notre fils n'aurait certainement jamais fait la Star Academy. Il avait rencontré Brice à Lyon sur un projet artistique ambitieux, passionnant, mais long et douloureux. Deux années compliquées qui lui avaient beaucoup appris, sur le chant, sur la nature humaine, sur lui-même. Quand Grégory avait compris que ce projet ne verrait finalement jamais le jour, sa déception avait été à la hauteur de ses espoirs et de son engagement. Moralement, il était atteint. Aussitôt, son corps avait réagi, et son état de santé général s'était dégradé. Je n'ai jamais supporté de voir mon fils comme ça. Dans ces moments-là, je le regardais droit dans les yeux et lui répétais ce dont, nous, nous étions farouchement convaincus :

– Garde l'espoir ! De toute façon, tu vas y arriver ! Je ne sais pas quand, je ne sais pas comment, mais tu vas y arriver !

En juin 2004, cela faisait déjà presque six ans qu'il avait décidé d'être chanteur, qu'il donnait tout pour transformer son rêve en réalité. Qui peut dire combien de temps il aurait tenu sans ce coup de pouce du destin, sans ce coup de fil de Brice… Je me souviens que j'étais en voiture avec Greg et Leslie quand il a appelé. Par hasard, il avait rencontré des amis qui s'occupaient du casting de la Star Academy 4, laquelle devait démarrer en septembre. Apparemment, il leur manquait encore une fille et, surtout, un garçon doté d'une belle voix. Immédiatement, Brice avait songé à Greg et lui proposait de les mettre en contact.

Ça peut paraître bizarre aujourd'hui, mais Grégory n'avait jamais pensé à la Star Ac'. Pas plus que nous, d'ailleurs. Bien sûr, il regardait l'émission, bien sûr il rêvait des destins de Jenifer, Nolwenn ou Élodie, mais il n'imaginait pas pouvoir y postuler. D'abord parce que ce programme comporte beaucoup d'activités physiques, notamment des cours de sport et de danse. Et, surtout, parce que les élèves sont filmés en permanence. Cet aspect télé-réalité l'inquiétait beaucoup. Il toussait très souvent pour dégager ses bronches, comme tous les jeunes atteints de mucoviscidose. Ça fait partie de leur vie et ils ne s'en rendent même plus compte, sauf quand les gens qui ne savent pas leur demandent s'ils ont une bonne bronchite ou leur conseillent d'arrêter de fumer… Greg ne se voyait pas partir dans une de ses quintes de toux impressionnantes ou faire ses soins quotidiens devant des caméras. Il me disait qu'il ne serait jamais pris à cause de la mucoviscidose, qu'il n'aurait de toute façon pas les mêmes chances que les autres. Voilà l'image qu'il avait de la Star Academy. En revanche, il n'avait rien contre la télé. Au contraire. Un très grand artiste lui avait même conseillé d'en faire. Au culot, Grégory avait réussi à transmettre une lettre et une maquette artisanale à Jean-Jacques Goldman. Qui lui avait répondu. J'ai encore à la maison ce très gentil mot manuscrit où, en substance, il lui faisait comprendre qu'il ne pouvait rien pour lui mais que, pour les chanteurs, les multiples castings organisés pour les télés étaient des tremplins idéaux. Et il lui souhaitait bon courage.

Greg avait bien tenté la « Nouvelle Star ». Parce que, dans cette émission-là, au moins, la vie des candidats n'était pas exposée. Il était allé une fois à Lyon avec son cousin Laurent pour se présenter au casting. Et ça ne s'était pas bien passé du tout. Je l'avais vu revenir à la maison complètement démoli. Il n'avait même pas pu défendre sa chance devant les membres du jury, quelqu'un l'avait recalé au bout de trois minutes au stade de la présélection en lui disant : « Tu as une voix exceptionnelle, mais il te faut encore grandir, tu manques de maturité. Tu as le temps… » Tout le monde lui disait : « Tu as le temps ». Ça l'énervait prodigieusement. Non, justement, il n'avait pas le temps.

Quand, dans la voiture, il m'a demandé ce que je pensais de la proposition de Brice, je lui ai répondu sans une hésitation :

– Il faut que tu y ailles, Titi. Qu'est-ce que tu as à perdre ? Rien ! Fonce, bonté divine ! Ne t'interdis pas d'essayer des choses !

Pour moi, c'était une chance incroyable de le faire réagir au moment où il était moralement au plus mal. Peu importe qu'il soit pris ou non, on lui donnait une raison de se relever ! On sauvait mon fils ! Au pire, ça lui fournirait des contacts à Paris, on ne sait jamais à quelle porte frapper quand on habite en province… Ce jour-là, j'ai vu revenir la flamme dans ses yeux. Une flamme pleine de vie, pleine d'envie, pleine d'envie de vivre.

Tout est allé très vite. Dès le lendemain, Greg envoyait un CD au contact de Brice. Il avait choisi, pour mettre sa voix en valeur, de chanter quatre de ses titres préférés : *Quand on n'a que l'amour* de Jacques Brel, *Mieux qu'ici bas* d'Isabelle Boulay, *Zora sourit* et *Live* de Céline Dion.

Quelques jours plus tard, nous voyons arriver dans notre maison de Sonnaz, près de Chambéry, une jeune femme envoyée par la société de production Endemol. Marie, c'est son prénom, veut entendre Grégory chanter et le voir danser. Devant une caméra, il interprète a cappella *Quand on n'a que l'amour* puis improvise sur du Claude François une chorégraphie… complètement ratée, limite ridicule. Mon fils est mort de rire, comme d'habitude.

Si sa prestation n'a rien d'exceptionnel, en tout cas le courant est bien passé avec Marie. Parfois, je me demande même si, par gentillesse, elle n'a pas préféré cacher cette bande à Endemol… Quoi qu'il en soit, Pascal Nègre, le P-DG d'Universal, a souhaité voir Grégory. On le découvrira plus tard, mais il voulait avant tout vérifier qu'il n'avait pas affaire à un imposteur qui aurait trafiqué son CD de démonstration pour embellir sa voix. Alors, dans un studio d'enregistrement près du jardin du Luxembourg, il a demandé à Greg d'interpréter devant lui les quatre titres qu'il avait envoyés. J'imaginais que mon fils serait stressé par l'enjeu, mais pas du tout. Il est arrivé à Paris très en forme vocalement et, surtout, parfaitement détendu. Peut-être ne réa-lisait-il simplement pas qu'il allait chanter devant le patron de la plus importante maison de disques et que son avenir se jouerait un peu dans ce studio.

Tout de suite, Pascal Nègre tombe sous le charme du bonhomme qui lui fait face avec un naturel désarmant, et de sa voix. Il dit même à Greg qu'il trouve ça sensationnel, qu'il a tout pour gagner la Star Ac', et que si ça n'arrive pas pour une raison ou pour une autre, il s'occupera de lui. Ce sera sa première et dernière audition. Grégory est sorti de là content, mais calme. Il n'était pas du genre à sauter au plafond, ne s'extériorisait pas beaucoup. La vie lui avait appris à prendre du recul par rapport aux événements. Et il préférait garder pour lui les choses intimes. Les plus belles comme les plus dures.

Il a donc dû se faire violence pour l'entretien suivant avec Endemol. Il a tenu à ce que Pierre et moi l'accompagnions, même s'il savait que ça pouvait faire mauvaise impression, à vingt et un ans, d'être escorté par papa et maman… Nous nous sommes juste mis d'accord sur le fait que ce serait lui qui répondrait à leurs questions.

Nous voilà chez Endemol. En face de nous, est assise l'équipe en charge de la Star Ac', Alexia Laroche-Joubert, Angélique Sansonnetti et Mathieu Vergne. Tout de suite, ils le mettent à l'aise.

– Voilà, on t'a entendu chanter, et on trouve que tu as une superbe voix. Est-ce que tu as envie de faire la Star Academy ?

Et je vois mon Greg prendre une grande inspiration, puis tout lâcher.

– Bien sûr que je veux faire la Star ac' ! Mais moi, j'ai la mucoviscidose. La mucoviscidose, ça veut dire que j'ai des problèmes respiratoires, des problèmes digestifs. Je dois faire au minimum deux heures de soins chaque jour. Je suis vite essoufflé, alors si j'intègre la Star Ac', je suivrai les cours de sport, mais à mon niveau. Et parfois je ne pourrai pas. Il ne faudra pas m'en vouloir, mais j'ai aussi besoin de huit heures de sommeil. Je souhaite avoir une chambre séparée des autres, sans caméra, parce que je tousse beaucoup la nuit, et longtemps au réveil. Je dois pouvoir voir un kinésithérapeute tous les jours, et un médecin quand je veux. Je ne me mettrai jamais en danger. Je ne franchirai jamais la ligne rouge. Enfin, si vous me sélectionnez, je ne veux pas qu'on parle de la mucoviscidose. Je veux vivre tout ça comme les autres.

Plus personne n'ose dire un mot, nous sommes tous là, bouche bée, à le regarder. Mon Dieu ! Où est passé mon bébé ? J'ai à côté de moi un adulte, bien dans sa tête, qui fait preuve d'une détermination et d'une maturité que je ne lui connaissais pas. Et qu'il ne soupçonnait peut-être pas lui-même. Il a ce regard impressionnant qui dit à tous : « Je joue ma vie, ici ! »

Tous les parents élèvent leur enfant dans l'espoir qu'il s'épanouisse pleinement. Nous avions porté Grégory jusque-là, par notre amour, par l'éducation que nous lui avions donnée, par le combat que nous menions ensemble, mais dans ces bureaux, à Endemol, nous avons eu avec Pierre la révélation de l'homme qu'il était devenu. Et bon sang que nous étions fiers ! Tout ce qu'il avait surmonté, tout ce qu'il avait appris de la vie était condensé dans ce discours froid et passionné : « J'ai la mucoviscidose. Oui, je veux faire la Star Academy. Mais ce sera à certaines conditions. » Comment lui dire non ? Alexia Laroche-Joubert et son équipe n'ont pas pu. Mais ils n'ont pas dit oui tout de suite non plus. Ils ont commencé par lui poser beaucoup de questions sur ce qu'entraînait pour lui la mucoviscidose au quotidien, ont ensuite voulu s'assurer qu'il ne courait aucun risque à participer à l'émission, sans se douter que le plus grand risque pour lui était alors qu'il n'y participe pas, et ont donc demandé qu'un expert donne son aval après examen. Étienne Mougeotte, le vice-président de TF1, a parallèlement appelé le renommé Pr Lenoir, de l'hôpital Necker à Paris, pour savoir si un jeune dans son cas pouvait, a priori, participer à la Star Academy. Aux yeux du professeur, rien ne s'y opposait. Quand je pense que quelques mois plus tôt, on avait cru bon nous conseiller de le faire changer d'orientation… La chanson ? Avec la mucoviscidose, il valait mieux oublier. Non que ça puisse nuire à sa santé, non, ce n'était juste pas fait pour lui, alors à quoi bon le laisser y croire… Greg ne l'a jamais su, moi j'en ai pleuré. Sous prétexte qu'on a un problème de santé, il faudrait rester cloîtré chez soi et attendre. Quoi ? La mort, bien sûr. Comment peut-on se laisser asséner « tu n'y arriveras pas » ?

Nous avons trouvé l'expert requis par Endemol au début du mois de juillet 2004. Le Dr Dominique Grenet, de l'hôpital Foch, nous a été recommandé par une amie. Dominique Grenet ne connaît pas Grégory. Pas plus que la Star Academy et son mode de fonctionnement. Et même si ses tests ne sont pas très bons, elle comprend ce qui est en train de se jouer dans la tête du jeune homme qu'elle reçoit. Elle donne son feu vert à Endemol, sous conditions : recevoir Grégory en consultation tous les quinze jours pour suivre l'évolution de son état de santé, et qu'il promette de venir tout de suite si, à un moment ou à un autre, il ne se sent pas bien. Dominique nous dira plus tard : « De toute façon, quand je l'avais devant moi, il était impossible de la lui refuser, cette autorisation. » Elle s'est vraiment montrée très intelligente et très directive avec Greg, qui s'en remettait complètement à elle.

La réponse définitive est arrivée à la maison au début de l'été, mais Greg avait l'interdiction formelle de parler de la Star Ac' à quiconque, pas même au reste de la famille. C'était trop tôt. S'il y avait une fuite dans la presse, il risquait l'exclusion avant même d'avoir commencé. Nous sommes partis en vacances dans le sud de la France, à

Balaruc-les-Bains, chez Francine, la tante et marraine de notre fils. Greg pouvait aussi compter sur la présence de ses deux cousins Jérémy et Laurent, dont il était vraiment très proche. Autant dire que devoir garder le secret avec eux tenait du supplice. Un jour, il a décidé de se libérer de ce poids. Et d'une façon un peu particulière, évidemment. Les trois garçons étaient à une fête foraine et, là, sur un manège à sensations fortes, au moment de plonger dans le vide, il leur a crié :

– Eh ! les mecs, j'ai un truc important à vous dire : je fais la Star Aaaaaac' !

Les contrats types nous sont parvenus peu après, assortis d'un avenant rédigé spécialement pour Grégory. Toutes ses demandes spécifiques étaient couchées noir sur blanc. Y compris le fait que la mucoviscidose ne devait pas être évoquée. Malheureusement, tout ne s'est pas passé comme Greg l'imaginait. À la fin du mois d'août, les premiers articles sur le futur casting de la Star Ac' 4 sont parus dans la presse. Quelqu'un avait vendu la mèche, et un magazine s'était jeté dessus : un des nouveaux élèves aurait la mucoviscidose. Pas sûr que tout le monde sache ce que cela signifie vraiment, mais au moins ça allait faire un sujet de discussion à la machine à café. Fallait-il continuer comme si de rien n'était ? Une équipe d'Endemol devait venir à la maison pour réaliser le petit portrait de présentation diffusé le soir du premier *prime*. Nous en avons discuté longuement, jusqu'au dernier moment, et c'est Greg qui a décidé de parler, persuadé que sinon ce serait pire. Il a été très clair.

– De toute façon, ce n'est pas une honte, je n'ai rien à cacher. Maintenant que c'est sorti dans la presse, on l'évoque au début de l'émission, et plus du tout jusqu'à la fin. Comme ça, *ils* auront ce qu'ils veulent. Après, je pourrai faire mon truc comme les autres. Devant la caméra, il explique donc le plus naturellement du monde :

– Je suis né avec quelques soucis de santé. C'est une maladie qui s'appelle la mucoviscidose, une maladie génétique qui affecte les fonctions respiratoires. Au lieu de la subir, j'ai toujours décidé d'aller de l'avant. Et jusqu'ici, ça m'a réussi.

Greg croyait avoir réglé une fois pour toutes le problème. Il se trompait. Certains journalistes n'allaient pas lâcher « une aussi belle histoire ». En revanche, TF1, Endemol et Universal respecteront toujours scrupuleusement leurs engagements. Si ça n'avait pas été le cas, Grégory aurait immédiatement quitté le château. Certes, on peut se dire que, pour eux, Grégory était du pain béni. Il avait une super voix, un charisme certain, c'était le premier garçon à susciter un tel engouement du public et donc à pouvoir gagner, et il avait un problème de santé. Mais ils se sont toujours bien comportés avec lui, tous ont noué avec Greg des liens affectifs dépassant largement le cadre professionnel. Et surtout, ce sont eux qui lui ont permis de s'épanouir, de devenir un artiste. Aujourd'hui encore, j'entends certaines personnes, toujours mieux informées que tout le monde, dénoncer une exploitation honteuse, cynique et mercantile de notre fils. Mais moi, je sais ce qu'ils ont fait pour lui. Et moi, je n'oublierai pas.

*
* *

Cinq jours avant le début de l'émission, je vois partir mon Titi avec son père, direction Paris. La voiture est pleine à craquer, encombrée par tous ses sacs de vêtements, de médicaments, et son vélo d'entraînement à l'effort, indispensable pour lui faire travailler son souffle. Étrange sentiment, mélange de bonheur immense et de peur sourde. Nous ne nous sommes quasiment jamais quittés, et il s'en va pour plusieurs mois peut-être. Greg est heureux. Très heureux. Il a envie que ça commence, il veut déployer ses ailes. Moi, je le garderais bien près de moi, mais je n'ai pas le choix. Il fallait qu'il parte pour que je le voie comme ça. Je suis rassurée. Je dois couper le cordon.

Arrivés sur place, Pierre et Greg font la connaissance du médecin de la Star Ac', de la psychologue et des trois kinésithérapeutes choisis par Endemol : Olivier et Thierry pour le château de Dammarie-lès-Lys, et Dominique Pelca les jours de *prime*. Puis Pierre repart. Jean-Luc, le « parrain » assigné à Greg comme à chaque candidat, confisque son portable. La consigne est stricte : à partir de maintenant, aucun contact avec l'extérieur. Ne nous reste plus qu'à attendre le premier direct du vendredi 3 septembre. Bien sûr, j'y vais, accompagnée de Leslie, de Fabien le meilleur copain de Grégory, et de mon amie Odile Thébault, qui travaille pour Vaincre la mucoviscidose. Le secret a été relativement bien gardé. Alors que l'émission va commencer, la très grande majorité de la famille ne sait pas que Grégory est l'un des candidats. Malins, les deux cousins Laurent et Jérémy ont prétexté avoir quelque chose à leur annoncer pour réunir tout le monde… et ils ont juste allumé la télé au bon moment. J'imagine la tête de sa grand-mère paternelle, des cousins, cousines… Moi j'ai dû, la veille au soir, prévenir je ne sais combien d'amis dont mon fils m'avait laissé la liste !

Maintenant, installée sur les gradins au milieu du public, je trépigne d'impatience, le trac me tenaille pour lui, mais je sais qu'il se sent bien. Il s'est pris en charge tout seul et vient de suivre une cure d'antibiotiques, conscient qu'il devait être dans la meilleure forme possible. Après le fameux reportage de présentation, le rideau s'ouvre sur les premières notes de *Tous les cris les SOS*, et Grégory commence à chanter : « Comme un fou va jeter à la mer / Des bouteilles vides et puis espère / Qu'on pourra lire à travers / SOS écrit avec de l'air… » J'ai l'impression qu'on ne voit que lui ce soir-là, avec son tee-shirt rouge et sa petite bouille. J'ai le ventre serré. Je suis heureuse. J'ai peur. À la fin de la chanson, il arbore un sourire plus grand que lui, le public scande déjà son prénom.

Le seul à ne pas avoir profité de ce moment unique… c'est son père. Pierre était coincé dans une chambre d'hôtel à Louhans, où il devait absolument faire une animation commerciale avec ses collègues et amis Patrick et Olivier. Sa télé est tombée en panne quand Nikos a annoncé Grégory, et l'image est revenue juste après sa prestation. Ça ne s'invente pas. Furieux, Pierre en a fait voler son plateau-repas à travers la pièce ! Il avait raté le moment le plus important de la vie de son fils en direct. Jamais il ne s'était senti aussi seul au monde. Chaque fois qu'il raconte ce contretemps épouvantable, il en a les larmes aux yeux. En fait, les ondes d'un téléphone portable dans la chambre voisine avaient brouillé la retransmission. Ce devait être écrit.

Tard dans la nuit, dans le bus qui les emmenait pour la première fois au château, Grégory a tenu à s'adresser directement aux autres candidats. Ils n'avaient pas vraiment eu le temps de faire connaissance, et il ne pouvait pas garder le silence plus longtemps sur la mucoviscidose. On en avait beaucoup discuté avant, il avait peur que ses compagnons d'aventure le regardent différemment, qu'ils ne comprennent pas les aménagements spéciaux au château et qu'ils le jugent favorisé. Pour couper court aux questionnements, il s'est adressé à eux avec des mots simples, leur a expliqué la mucoviscidose, les aérosols, les médicaments, les séances de kinésithérapie respiratoire, le régime alimentaire… tout ce à quoi il devrait se plier devant leurs yeux. Et puis *basta*. C'était dit. Plus personne n'en a jamais parlé. Du moins au sein de la Star Academy.

Greg s'est tout de suite senti en sécurité. Dès le deuxième jour, il avait oublié ces caméras qu'il redoutait tant. Il avait son intimité pour faire ses soins, et c'était bien le plus important. J'ai toujours pensé que la Star Ac' était pour lui comme une deuxième naissance, aussi fort que ça puisse sembler. C'était pourtant sa première expérience de vie de groupe, ce qui n'est jamais évident. Il en a pris le meilleur, et y a fait de belles rencontres. Il a découvert Hoda, sa « poussine », Radia, Karina, Lucie et surtout Harlem, qui le faisait tellement rire, et Sofiane, ce grand frère tellement différent. C'est sûrement avec ces deux-là qu'il a fait le plus de bêtises. L'autre soir, pour la première fois, j'ai cherché sur Internet une vidéo de cette époque pour vérifier une information. Il était minuit. Je n'ai éteint l'ordinateur qu'à six heures du matin, happée par les souvenirs. J'ai parfois ri, et beaucoup pleuré. J'ai cru un instant que je regardais un résumé quotidien, comme autrefois. Qu'il était à Paris, moi à Sonnaz. Que seulement six cents kilomètres nous séparaient.

Je crois que pendant les quatre mois passés à la Star Ac', il a expérimenté tout ce qu'il n'avait pas vécu à l'adolescence quand il ne se sentait pas intégré. Lui qui n'aimait pas particulièrement l'école, il avait cette fois plongé avec passion dans les cours, le système de notations et d'évaluations. Il attendait beaucoup du corps professoral, emmagasinait tout ce qu'il pouvait auprès d'Isabelle Charles en chant, de Kamel Ouali en danse, de Milo en expression scénique ou d'Oscar Sisto en théâtre. Avec Tiburce, le coach sportif, une complicité durable était née. Avec Jasmine Roy, répéter les chansons devenait presque un moment de tendresse. Avec Matthieu Gonet, il a gagné plus qu'un prof, un ami. Greg lui faisait une confiance aveugle, recherchait son avis quand il montait sur scène. Il l'aimait, et le respectait… sauf quand il lui jetait des œufs frais à la figure ! Et puis il y avait le directeur, Gérard Louvin, qui l'impressionnait par son charisme. Chaque jour, il mesurait sa chance d'être là. Pas la moindre seconde, il n'a eu envie de quitter la Star Ac' et, malgré la douleur de l'éloignement, je n'ai pas le moins du monde souhaité qu'il revienne à la maison. J'étais avec lui autrement. Nous nous étions abonnés à la chaîne 24/24 qui retransmettait la vie au château en continu. C'est assez irréel de voir son fils vivre dans la télé. Nous étions liés… par satellite pour le coup ! Je le regardais évoluer, et même ne rien faire, jusque tard le soir. Je dormais très peu, puisqu'à l'époque je travaillais encore comme visiteuse médicale. Au téléphone, quand il utilisait la minute allouée quotidiennement à chaque candidat, je l'engueulais : « Titi, tu ne peux pas aller au lit plus tôt le soir ? Tant que tu ne dors pas, je ne dors pas ! Je reste sur le canapé ! » Comme il savait que j'étais là, il lançait parfois un bisou en direction d'une caméra et me disait « Je vais me coucher maman, bonne nuit… ». Je dois avouer, aussi, qu'il me téléphonait parfois rapidement en piquant le portable du kiné du château, pendant ses soins. Il n'appelait pas pour parler tactique, me demander s'il passait bien à la télé ou s'il était bien coiffé, ou encore pour savoir ce qu'on racontait de lui à l'extérieur. D'ailleurs, nous ne voulions surtout pas le lui dire. La seule chose qui nous préoccupait, c'était ses sensations, son état. Moralement, il allait très bien. Un jour, après plus de deux mois passés au château, on l'a vu se confier à Milo, son prof d'expression scénique. C'était très beau…

– En ce moment, j'ai un mot qui me revient souvent à l'esprit. C'est toujours le même, mais c'est tellement sincère, c'est le mot *Merci*. J'ai des *Merci* partout dans la tête. Quand je vois le trajet, le parcours que j'ai fait, les moments de doute par lesquels je suis passé, les moments de souffrance… Je m'aperçois avec le recul que la vie est comme un puzzle pour moi. Il y a des choses qui nous paraissent insignifiantes sur le moment, et quand on y repense, on se rend compte que ça a été le début de quelque chose. Toutes les expériences de notre vie ont un sens, en bien ou en mal. Sur le moment, on se dit « putain ! », on a la rage ! Dans les moments difficiles, on se dit « pourquoi moi ? », pourquoi il se passe tellement de choses négatives ? On se dit tout le temps qu'après la tempête il y a le soleil, après la pluie le beau temps. On a du mal à y croire, et après coup, on se dit « ben ouais ».

C'est à ce moment-là, pour une évaluation, qu'il a écrit son premier texte de chanson, *Des sourires*, sur l'air de *Fields Of Gold* de Sting. « Vers cet avenir, je regarderai / Avec mes armes, je me battrai / Seulement pouvoir, s'en donner les moyens / Pour aller trouver mon destin ». Je crois que cela reflétait bien son état d'esprit. Il était épanoui et heureux, c'est sûr, mais continuait à parler de l'avenir comme d'un combat. Je n'ai jamais vu Grégory se laisser aller longtemps à une quelconque euphorie, il avait toujours tendance à mettre un couvercle sur ses émotions, comme s'il attendait le couperet à venir et se protégeait d'une trop grande désillusion. Je sentais bien qu'il n'arrivait pas à vivre pleinement la Star Academy, qu'il n'appréciait pas assez ce qui se passait pour lui. Il m'a avoué, un jour, comme un regret, ne pas avoir suffisamment profité de cette période. Mais il connaissait les moments durs, il savait qu'il sortirait au moindre pépin. Rien ne l'énervait plus que quand quelqu'un lui disait : « De toute façon, tu vas gagner. » En fait, il avait peur de ne pas y arriver physiquement, peur que son corps soit moins fort que sa tête.

Pourtant, pendant toute la Star Academy, ses compteurs étaient au vert. Tous les quinze jours, ses tests à l'hôpital s'amélioraient. Mieux, il a réussi à prendre du poids, quatre kilos en quatre mois, chose extrêmement difficile pour les personnes atteintes de mucoviscidose. Jamais plus, après, il n'a atteint ces cinquante-neuf kilos pour un mètre soixante-dix-huit. Le docteur Grenet surveillait attentivement ses faits et gestes pour s'assurer qu'il n'allait pas trop loin. Comme la muco ne se voit pas et que Greg ne voulait pas de traitement de faveur, ses profs ne pouvaient pas savoir si ce qu'ils lui demandaient était déraisonnable. Régulièrement, Dominique le recadrait et exigeait qu'il dorme davantage. Elle ne l'a vu qu'une seule fois en dehors de ses consultations habituelles, à la fin de l'émission, au début de l'hiver. Ils étaient moins nombreux au château et avaient donc plus de travail, il leur est même arrivé de se lever à cinq heures du matin pour aller distribuer des cadeaux dans des hôpitaux avant d'enchaîner avec des répétitions. Tout le monde était malade et Grégory attrapait le moindre microbe qui passait. Avant la finale, il était exténué. Avec Pierre, on se demandait s'il allait pouvoir chanter. Lui aussi s'en inquiétait. Il en a trouvé la force, aujourd'hui encore je me demande comment. En même temps, j'aurais dû m'en douter et faire confiance, comme d'habitude, à son esprit de compétiteur. Toute sa vie, je l'ai vu se battre. Jamais contre les autres, toujours avec lui-même. Il ne supportait pas qu'on puisse baisser les bras. La seule fois où il a réellement pété les plombs pendant toute l'aventure, c'est quand il s'est rendu compte que son copain Sofiane se plaignait sans arrêt. Des deux, le grand frère n'était pas celui qu'on pensait. Il ne pouvait pas comprendre ça : avoir un tel talent et se laisser déborder par les problèmes…

S'interdisant toute forme d'apitoiement, Grégory avait développé une certaine intolérance vis-à-vis de ce type de comportement. Quand il voulait quelque chose, il analysait froidement ses chances d'y arriver et s'en donnait les moyens. Point. Au début du mois d'octobre, ça m'avait frappée. Il était revenu à la maison pour pouvoir fêter les cinquante ans de mariage de ses grands-parents adorés. Le soir, Pierre donnait comme chaque année un spectacle avec la troupe Vol du temps afin de récolter des fonds pour la lutte contre la mucoviscidose. À la fin du show, Greg s'est jeté dans les bras de son père et s'est mis à pleurer. Il avait revu en un instant le chemin parcouru depuis un an, alors qu'il chantait déjà là, et surtout toutes les épreuves traversées avec son père. À l'oreille, il lui a chuchoté : « Je vais la gagner, papa… »

Pour la première fois, il envisageait la victoire, sentait qu'il pouvait y arriver. C'était plus une promesse qu'une certitude. Il en crevait d'envie pour lui, mais aussi pour nous, pour nous remercier de ces années passées à le soutenir, pour nous rendre heureux à notre tour. C'était sa façon de nous prouver qu'il nous aimait. On n'avait pourtant vraiment pas besoin de ça pour le savoir.

*
* *

Il a tenu sa promesse. J'entends encore ce cri surgir du fond de son âme à l'annonce du résultat final. Un cri qui dit « j'y suis arrivé, je l'ai fait », un cri de sportif au bout de son effort plus qu'un cri de revanche. Au contraire, à cet instant, il a encore plein de *Merci* dans la tête, et moi je sens la roue qui tourne enfin, je sens ces moments de bonheur qu'il va désormais pouvoir vivre, je sens que l'histoire commence vraiment maintenant. Je me souviens aussi de la joie de Nikos, et de ce qu'il a improvisé alors que les confettis s'abattaient sur la tête de mon fils.

– Grégory remporte la Star Academy à l'issue de quatre mois de travail. Grégory dans l'arène ! Grégory debout ! Grégory en larmes dans les bras de Lucie ! Grégory devant des millions de téléspectateurs ! Grégory qui lâche ! Grégory dont on est tous fiers ce soir…

Grégory, debout dans l'arène… Nikos avait tout compris. Sans doute parce qu'il a toujours eu de la tendresse pour Greg, et qu'ils se sont bien trouvés. Mais surtout, il avait su percevoir le gamin qu'il était réellement. Le hasard a voulu qu'ils soient nés à la même date, un 13 mai. Ils ne manquaient jamais de s'appeler pour se souhaiter un bon anniversaire. C'est une belle rencontre dans ce milieu un peu futile. Après le départ de Greg, Nikos a toujours répondu présent pour notre association, sans jamais poser de questions, sans jamais se défiler. Nous savons que nous sommes dans son cœur, et que chez lui ce ne sont pas là que des mots. Nikos n'a pas besoin de fiche ou de prompteur pour être vrai, et il n'a qu'une parole. Avec Grégory, ils partageaient bien plus qu'un programme de télévision : des valeurs.

T'as vaincu

Quand tu l'as vu débarquer
Avec ses petits yeux fermés
Tu as réalisé que c'était ta vie
Tu es restée près de lui chaque nuit

Tous tes battements de cœur
Dansaient au rythme de tes peurs
Tu croyais fort en son avenir
Et tu le voyais grandir…

Loin de toutes ces souffrances
Tout près de l'espérance
Loin de toute cette vie
Que l'on voyait pour lui…
Que l'on voyait pour lui…

Grégory Lemarchal

Souvent, les gens me demandent comment Greg a pu faire tout ça. Sous-entendu, comment mon fils, rongé par le mal, a-t-il pu devenir un artiste reconnu ? La réponse est simple. Terrible, mais simple. Le travail et le talent ne suffisent pas. Grégory a très vite compris que la vie était un combat. Que lorsque chaque jour, comme lui, tu souffres dans ta chair, se battre n'est pas une option. Tu dois partir à la guerre. Cette guerre, elle commence par une longue bataille pour la normalité. Malgré les multiples contraintes imposées par la mucoviscidose, notre fils devait vivre tout à fait comme les autres. C'était une évidence. Enfin, c'est devenu une évidence, parce que nous n'étions pas du tout préparés à ça. Comment l'être ? Comment imaginer que l'enfant que vous mettez au monde porte en lui les souffrances à venir ?

Le 13 mai 1983, quand il pointe le bout de son nez, nous sommes les parents les plus heureux du monde. Tous les parents sont persuadés que leur enfant est le plus beau de la Terre. Et c'est vrai. C'est un joli bébé de trois kilos huit cents pour cinquante et un centimètres, né avec un peu d'avance sur le calendrier. Nous l'appelons Grégory, seul prénom sur lequel nous soyons tombés d'accord avec Pierre.

Les premières semaines ne sont marquées par rien d'autre que le bonheur de se découvrir mutuellement. Au mois de juillet, la canicule s'abat sur Grenoble, où nous vivons.

Grégory présente régulièrement des troubles digestifs, mais rien que de très courant chez les bébés. Peut-être ne supporte-il pas le lait maternel. Les problèmes n'arrivent qu'en septembre, avec le mauvais temps. Grégory fait sa première bronchite asthmatiforme. Là encore, ce n'est pas le seul enfant à qui cela arrive. Sauf que, pour lui, les traitements par antibiotiques ne suffisent pas. De septembre à avril, il est tout le temps malade, avec quelques périodes d'accalmie de quinze jours. Le mot « bronchiolite » vient enrichir notre vocabulaire. Avant de fêter son premier anniversaire, il connaît déjà les aérosols, les séances de kinésithérapie pour dégager ses bronches, et les séjours à l'hôpital. Un jour, on lui fait même une ponction lombaire pour tenter de savoir ce qui cloche. Ce n'est pas drôle. Les examens sont parfois douloureux, on commence à se faire du souci, mais on se dit qu'il est juste un peu fragile, que ça devrait s'arranger avec le temps.

En attendant, les bronchiolites et les rhinopharyngites se sont succédé. Les nuits sans sommeil, aussi. Greg dormait très mal. Toujours pris, il toussait beaucoup, se réveillait, pleurait, finissait par se rendormir… et se réveillait à nouveau. J'en ai passé des nuits, mon bébé calé sur l'épaule, à faire les cent pas pour le calmer. C'était la seule position qui lui faisait du bien. Parfois, je dormais sur une chaise à côté de lui, incapable de le quitter. Je vivais à son rythme. On apprendra par la suite que la mucoviscidose devait, en plus de la toux, lui provoquer de terribles maux de ventre. Pour lui, le marchand de sable était cruel, dormir était synonyme de souffrance. Il n'y a pas de mots pour décrire les crans successifs de la douleur. Ça ne se raconte pas. Plus tard, il a sûrement gardé la trace de ses peurs d'enfant. Grégory avait horreur d'aller se coucher. Vers onze heures ou minuit, il pétait la forme et débarquait dans notre chambre, s'asseyant en tailleur sur notre lit et nous empêchant de fermer les yeux pour qu'on l'écoute. C'est dans ces moment-là, entre deux fous rires, que nous refaisions le monde et avions nos discussions les plus profondes. C'est aussi la nuit, au calme et apaisé, qu'il écrivait les textes de ses chansons, repoussant toujours plus l'heure de dormir…

Au printemps 1984, Grégory va un peu mieux, l'hiver et son cortège de microbes sont passés. Je suis seule avec lui à Grenoble. Pierre, à l'époque militaire engagé dans les chasseurs alpins, a été affecté au Liban pour six mois. Greg est un petit garçon très vif, rieur, et déjà assez farceur. Il se développe tout à fait normalement, n'a pas de problème d'appétit. Au contraire, il adore manger et se situe dans la moyenne basse de la courbe de poids pour son âge. Il n'est pas non plus en retard sur le plan de la motricité. Un peu fainéant, il préfère pour l'instant largement se déplacer à quatre pattes. Il fera ses premiers pas le jour de ses quatorze mois, le 13 juillet. Coïncidence troublante – mais se peut-il que ce soit une coïncidence ? –, c'est un 13 juillet, vingt ans plus tard, qu'il apprendra qu'il est pris à la Star Ac'.

Les heures et les semaines se sont ainsi écoulées doucement. J'avais arrêté de travailler et profitais de mon fils à plein temps. Dès le début du mois de septembre, il suivit simplement un traitement pour améliorer ses défenses immunitaires en vue des bronchites qui ne manqueraient pas de venir. Pierre était rentré du Liban, nous étions enfin réunis. Et heureusement. Nous n'étions pas trop de deux pour encaisser le choc à venir.

*
* *

En janvier 1985, Grégory a tout juste vingt mois. Un soir, je suis seule avec lui, et en changeant sa couche je découvre un problème digestif. Un peu paniquée, j'appelle le médecin de garde. Celui-ci s'occupe de Greg et me rassure. Le lendemain, je vais tout de même consulter le pédiatre habituel de Grégory. Tout a l'air d'être rentré dans l'ordre, mais il veut quand même vérifier quelque chose et lui prescrit un test à la sueur. À l'époque, c'est assez barbare : on habille chaudement votre enfant et on le laisse mijoter dans une pièce surchauffée pour recueillir sa transpiration afin de l'analyser. Nous ne savons pas ce que le pédiatre cherche, alors pourquoi nous inquiéter ? D'ailleurs, quand quelques jours plus tard celui-ci nous appelle pour nous demander de venir le voir, j'y vais seule, sans appréhension, pleine d'espoir au contraire qu'il ait découvert ce qui gâche les jours et les nuits de mon bébé. Enfin, on va lui donner les bons antibiotiques !

Me voilà assise en face de cet homme. Calmement, froidement, il m'informe.

– La sueur de votre fils contient un taux de sodium très très élevé, ce qui est caractéristique de la mucoviscidose. C'est une maladie génétique très grave. Ça ne se guérit pas. Il faut que vous consultiez un spécialiste.

Je n'ai que vingt-cinq ans, je ne comprends rien à ce qu'il me dit. Une maladie génétique, c'est quoi ? « C'est très grave, ça ne se guérit pas », les mots tournent dans ma tête… Mais ça se soigne, non ? Quel est le traitement ? Qu'est-ce que je dois faire ?

Aujourd'hui encore, j'en veux à ce médecin d'avoir été aussi brutal avec moi, mais je lui suis reconnaissante d'avoir eu le déclic, d'avoir identifié la mucoviscidose alors qu'on en parlait à l'époque encore moins que maintenant.

Je ne sais pas comment, entre les larmes, j'ai pu voir la route du retour. Pierre était resté à la maison avec Grégory, comment allais-je lui annoncer ça ? Comment lui expliquer l'inexplicable ? À l'époque, Internet n'existait pas, nous n'avions à disposition qu'un gros dictionnaire pour chercher des réponses à nos questions. « Mucoviscidose : nom féminin singulier. Maladie génétique caractérisée par un épaississement des sécrétions muqueuses qui provoque une insuffisance respiratoire et digestive. Âge moyen des décès : quinze ans. » On devrait interdire les dictionnaires. Les mots résonnaient, comme si nous ne voulions pas en comprendre le sens. Notre fils n'aurait plus que treize ans à vivre ? Impossible ! Pierre était effondré. Moi, j'avais déjà trop pleuré. Voir mon mari dans cet état a été comme un électrochoc. J'ai dit stop, on va se battre, ça ne va pas se passer comme ça pour Grégory et plus jamais on ne se laissera aller. Je n'ai jamais, jamais, pleuré devant mon fils. Si, une fois, le jour où il m'a apporté le texte de sa chanson *T'as vaincu* en me disant « maman, c'est pour toi ». Quel cadeau, quelle preuve d'amour il me donnait là ! Il avait tout compris, il m'avait comprise. En écrivant « Loin de toute cette vie / Que l'on voyait pour lui », il signifiait à tous les défaitistes qu'on avait été plus forts que le chemin qu'ils voulaient lui tracer.

*

* *

Deux rencontres ont été déterminantes pour nous aider à sortir de ce brouillard, pour nous soutenir et atténuer nos peurs face à cette inconnue. D'abord un ostéopathe grenoblois que Pierre fréquentait. Il nous a rassurés, sans nous cacher la triste réalité et l'évolution à laquelle nous attendre, puis a tenu à voir Grégory pour le soulager. Et puis, surtout, nous sommes allés consulter le spécialiste Jean-Pierre Gout, chef du service de pédiatrie de l'hôpital de Voiron, qui nous a expliqué en détail le lent travail de sape de la maladie. Sous l'influence d'une anomalie génétique, les sécrétions de plusieurs glandes de l'organisme sont anormalement épaisses, ce qui entraîne peu à peu la destruction de ces glandes. C'est ainsi que sont altérées les fonctions des glandes digestives du pancréas, du foie, et surtout des petites glandes situées le long de l'arbre bronchique sécrétant le mucus que l'on connaît lorsque l'on crache. Tous ces méfaits se conjuguent pour aboutir d'une part à un défaut d'absorption des aliments et des vitamines entraînant amaigrissement et faiblesse musculaire, et d'autre part à un encombrement bronchique aboutissant inexorablement à une insuffisance respiratoire sévère. La seule solution pour gagner des années de vie est alors la transplantation pulmonaire, ou cardiopulmonaire.

Nous avons commencé les traitements tout de suite, avec l'espoir, déjà, de faire mentir les statistiques. L'idée même d'avoir perdu vingt mois nous était insupportable, surtout quand on a constaté à quel point les séances de kinésithérapie respiratoire lui faisaient du bien. Nous étions près de lui à chaque fois pour le rassurer devant la violence des manipulations. À l'époque, les kinés utilisaient la méthode du « clapping », qui consistait à taper sur le torse avec le plat de la main pour décoller le mucus des bronches et ensuite, par pression, le faire remonter jusqu'à ce que l'enfant puisse le cracher. C'est pour rendre le mucus moins compact et faciliter l'expectoration que les malades prennent des fluidifiants et font des séances d'aérosols. Tout le temps, même quand ça a l'air d'aller mieux, parce que la mucoviscidose, elle, ne fait pas de pause. Jamais ils ne connaissent de nuit complète, sans cesse réveillés par leur propre toux. C'est comme si vous, vous viviez en permanence en hiver, que vous ayez une bronchite vingt-quatre heures sur vingt-quatre et trois cent soixante-cinq jours par an. Forcément, ça fatigue, ça agace…

Extraits pancréatiques, vitamines, fluidifiants, antibiotiques, Grégory devait prendre quotidiennement, en moyenne, une trentaine de comprimés ou gélules. Bébé, il y en avait un peu moins mais je devais écraser les cachets, ouvrir les gélules et diluer le tout dans du yaourt, par exemple, pour les lui faire avaler.

Chaque jour, pour mieux la combattre, nous en apprenions un peu plus sur la mucoviscidose. Nous pensions qu'elle s'était abattue comme une bombe sur nos vies, alors que Pierre et moi portions le détonateur en nous depuis toujours. Ne croyez pas que ça n'arrive qu'aux autres. La mucoviscidose est la maladie génétique mortelle la plus fréquente. Aujourd'hui, plus de six mille Français en souffrent, et plus de deux millions – une personne sur trente environ – sont porteurs du gène défectueux, le plus souvent sans le savoir. Si leur conjoint est lui-même porteur, leur enfant aura une chance sur quatre de l'éviter, une sur deux d'être porteur sain, et un risque sur quatre d'en être atteint. Tous les deux jours, en France naît ainsi un enfant avec cette maladie. Les bébés sont systématiquement dépistés à la naissance depuis 2002. Les futurs parents ne le sont que s'il y a déjà eu un cas similaire dans la famille. Pierre et moi ne savions pas que nous étions tous deux porteurs sains. Nous avons donné à Grégory la vie, et ce qui allait la lui reprendre. On ne donne pas la mort en héritage, ce n'est pas dans la logique des choses. Ce sentiment de culpabilité ne vous lâche pas. Jamais.

Chacun va chercher des soutiens où bon lui semble. Sur les conseils d'un médecin, nous sommes entrés très vite en contact avec l'Association française de lutte contre la mucoviscidose, qui s'appelle désormais Vaincre la mucoviscidose, et avons assisté à une réunion régionale. D'autres parents étaient présents, pour raconter comment ils appréhendaient le quotidien. Ce jour-là, certains d'entre eux nous ont semblé abattus, et ils avaient tendance à surprotéger leurs gamins, comme si les couver dans une bulle les ferait vivre plus longtemps. Au contraire, Pierre et moi voulions aller de l'avant et donner une vraie vie à Grégory, pas une vie au rabais où tout lui rappellerait son état de santé. Ce type de réunions, s'il aidait beaucoup de familles à tenir le coup, n'était pas fait pour nous. Nous avons décidé de ne plus rencontrer d'autres parents, tout en restant membres actifs de Vaincre la mucoviscidose. Plus tard, nous avons encouragé Greg à nous dire s'il avait envie d'entrer en contact avec des enfants comme lui, il n'en a jamais éprouvé le besoin. Jusqu'à la Star Ac'. Là, quelque chose a changé. Il a notamment communiqué via Internet avec une jeune fille, Eva. Il me disait : « Maman, on est pareils ! On parle le même langage, on ressent les mêmes choses ! »

*
* *

La mucoviscidose n'a jamais été taboue chez nous. C'est juste que ce n'était pas un sujet de discussion, ni avec notre famille, ni avec nos amis. Quand Grégory est rentré à l'école maternelle à trois ans et demi, à part Jackie – sa nounou en qui nous avions toute confiance –, la directrice de l'école et l'institutrice, peu de gens savaient ce dont il souffrait. Nous avions déménagé à La Ravoire, tout près de Chambéry, où j'avais recommencé à travailler, sereinement, dans l'immobilier. Pierre disait que c'était bon pour moi, parce que j'avais besoin de vivre ma vie, et pour Greg, qui était en sécurité avec sa nounou et autonome à l'école. Pierre avait raison. Pour des questions de budget, aussi, c'était devenu nécessaire. Nous avions acheté à crédit notre appartement et les soins de Grégory coûtaient cher. Les vitamines, pourtant indispensables au développement de ces enfants, ne sont pas remboursées par la Sécurité sociale. D'autres produits, comme les compléments nutritionnels, le sont très peu. Nous nous en arrangions, mais pour ceux qui ont des problèmes financiers à gérer en plus de la mucoviscidose, je sais que la vie est terriblement difficile. J'en rencontre souvent aujourd'hui, quand je me rends dans les hôpitaux pour l'association. On n'est définitivement pas tous égaux devant la maladie.

Grégory a donc pu aller à l'école normalement. Avec les soins quotidiens, il s'en sortait. Les séances de kiné à l'heure du déjeuner ou le soir étaient contraignantes, mais elles lui étaient bénéfiques. Quand sa santé le nécessitait, j'arrêtais de travailler et restais près de lui. Mon fils passait avant tout. Malgré cela, on faisait en sorte qu'il ne se sente pas différent. Il a toujours pu partir en classe de mer avec les autres, par exemple. Il suffisait qu'on lui trouve un kiné sur place et que l'encadrement s'assure qu'il prenait bien ses médicaments. Tout est question d'organisation et de bonne volonté. Grégory a adoré l'école maternelle, puis l'école primaire. Il m'en parlait encore après la Star Ac', des souvenirs plein les yeux.

– Tu sais, maman, je crois que c'était parmi les plus beaux moments de ma vie. Je regrette parfois l'innocence de mon enfance.

Il avait beaucoup d'amis, aimait chahuter avec sa grande copine Adeline ou jouer au foot dans la cour de récréation. Le soir, il fanfaronnait à la maison en racontant ses exploits, fier d'avoir marqué cent vingt buts en une saison ! Bref, c'était un petit garçon tout ce qu'il y avait de normal. La force en plus. Et déjà l'envie, encore un peu diffuse, de ne rien lâcher, surtout quand la muco gagnait du terrain. À sept ans, il a suivi sa première cure d'antibiotiques pour lutter contre les infections. Pendant quinze jours, deux ou trois fois dans la journée, il était sous perfusion entre une et deux heures, à l'hôpital. Il s'y était fait. Dans une interview pour « 7 à 8 », sur TF1, il a banalisé cette obligation régulièrement imposée par son corps.

– Quand une bagnole arrive à vide, qu'il n'y a plus d'essence, il faut refaire le plein. C'est pareil pour moi.

Alors que j'angoissais à l'idée d'être malade et de lui transmettre un rhume, lui gérait ça avec une certaine maturité. Dès l'enfance, confronté à cette réalité, il a dû prendre ses responsabilités. Entre les soins quotidiens, les heures de repos nécessaires et les devoirs à faire, il ne restait plus beaucoup de place dans sa vie pour l'insouciance.

Au moins, quand il faisait du sport, il ne pensait plus à rien. C'était plus qu'une passion, un besoin vital. D'ailleurs, plus tard, il ne voulait pas devenir pompier ou vétérinaire mais sportif. On ne lui a jamais rien interdit.

Petit, il avait moins de problèmes de souffle et de l'énergie à revendre. Il fallait le suivre ! Pierre l'a inscrit très vite au basket, à Challes-les-Eaux, où lui-même entraînait l'équipe féminine après ses heures de travail. Grégory était le plus petit de la bande, mais son père admirait sa technique et son sens de l'observation. C'était un garçon facile pour son entraîneur, Sabine Falcoz, qui lui a beaucoup appris. Il a joué en catégories poussin puis benjamin. Après, il ne pouvait plus tenir toute la durée des matchs, et n'avait pas vraiment le gabarit nécessaire.

*
* *

J'ai lu dans des journaux que Pierre avait forcé notre fils à faire du sport, à danser, puis à chanter. Comme s'il avait voulu fabriquer un champion ! C'est un fantasme ridicule. Greg avait envie de tout essayer, et s'adaptait avec une facilité déconcertante à chaque nouvelle discipline. Il a adoré jouer au ping-pong et au tennis avec son père. D'ailleurs, il est devenu très fort au tennis. Quand Pierre voulait le battre, il le faisait courir aux quatre coins du court. C'était aussi un moyen de lui faire comprendre qu'on le traitait comme tout le monde, que mucoviscidose ou pas, il devait aller chercher la balle. Et il y allait. Après l'effort, il était pris de quintes de toux qui lui permettaient de se nettoyer. Contrairement à ce qu'on peut penser, la pratique du sport, à condition qu'il soit adapté à leur état de santé, peut être bénéfique à ces jeunes. Ça les aide à se ventiler, leur fait développer leur capacité respiratoire et leur donne ces muscles et cette souplesse dont ils ont besoin pour affronter la maladie jour après jour. Ça détendait Grégory, et en même temps lui apprenait la rage de vaincre, de se surpasser. Il détestait perdre, transformait sa colère en énergie pour se battre jusqu'au bout.

La danse lui a aussi beaucoup appris sur lui-même. À l'âge de douze ans, il s'est inscrit au Mambo Rock, une école de Chambéry, qui lui a permis de s'extérioriser, de combattre une certaine timidité et de faire la première scène de sa vie ! Il y a découvert le tango, le cha-cha-cha, mais surtout le rock sauté, une version sportive du rock 'n' roll. C'est une discipline qui demande un effort intense pendant environ une minute trente, et une parfaite synchronisation des mouvements avec sa partenaire. C'est très vite épuisant. Grégory en a fait en compétition quelques années avec une jeune fille, Pauline. Juste le temps de devenir champion de France, en novembre 1997… Il nous a là encore donné une belle leçon de ténacité. Quinze jours avant la compétition, l'antibiotique que le médecin lui avait prescrit pour traiter une infection lui avait provoqué une inflammation aiguë des deux tendons d'Achille. Il ne pouvait plus poser les pieds par terre sans l'aide de béquilles. Impossible de s'entraîner. Tout juste avait-t-il été autorisé, une fois, à répéter les mouvements tout doucement avec Pauline. Et même ça, ça l'avait fait souffrir atrocement. La veille du championnat, Grégory avait dit à son père « ça passe ou ça casse ». Pierre était en déplacement avec l'équipe de basket de Challes. Exprès, il n'avait pas voulu téléphoner pour savoir comment ça s'était passé. Quand il est rentré à la maison en pleine nuit, il a trouvé, posée sur la table de la cuisine, la coupe de Champion de France. Je crois qu'il s'en souviendra toute sa vie. Par son geste volontairement silencieux, Greg lui disait « Regarde, je l'ai fait ! » Il avait tout donné, et c'était là l'essentiel.

Il acceptait qu'on puisse perdre une compétition, mais ne supportait pas le manque d'ambition. Lui qui adorait le foot, il était hors de lui dès qu'il entendait un entraîneur déclarer que son équipe « jouait le maintien » en championnat. Il vivait avec une intensité folle les matchs à la télé. Ceux de l'Olympique de Marseille, bien sûr, qu'il suivait depuis l'âge de neuf ans, quand Jean-Pierre Papin faisait rêver tous les bambins de France. L'OM a définitivement marqué sa vie. Les jours de match, il avait la peur au ventre. Quand l'OM marquait, il devenait incontrôlable, enlevait son tee-shirt en criant et dansait devant la télé comme s'il avait lui-même inscrit le but. Il adorait par-dessus tout analyser la rencontre en parfait entraîneur, expliquer avec beaucoup de lucidité pourquoi untel ou untel avait été mauvais, quelle tactique il aurait fallu employer…

La première fois qu'il est allé voir l'OM jouer, c'était à Lyon, pour le dernier match de la saison 1996-1997. Lyon a gagné 8 à 0. Grégory en a pleuré dans les tribunes, mais en est reparti très impressionné : malgré la raclée, les mille supporters marseillais présents dans le stade avaient encouragé leur équipe de la première à la dernière seconde. C'est aussi pour l'esprit de ses supporters qu'il aimait tant l'OM. Être là dans les bons comme dans les mauvais moments, il en fera sa philosophie. Se battre, jusqu'au bout…

C'est pendant la Star Ac' qu'il a foulé pour la première fois la pelouse du Vélodrome pour le traditionnel OM-PSG. Les supporters l'ont chaleureusement accueilli – il faut dire qu'il prenait un malin plaisir à porter le maillot ou l'écharpe de l'OM devant les caméras au château – et ont copieusement sifflé Sofiane, fan du PSG. Les Parisiens ont gagné 3-2, et les deux garçons ont refait le match à l'hôtel à coups de polochons…

Comme pour le basket, Grégory n'a pas pu continuer à danser le rock. En catégorie supérieure, le rythme était encore plus soutenu. Conscient de ses limites physiques, il savait être allé au bout de ce qui lui était possible. C'est sans doute à ce moment-là qu'il a commencé à chanter. Seul, dans son coin. Un jour, en rentrant à la maison, Pierre l'a entendu fredonner un titre de Céline Dion dans le salon. Il lui a dit qu'il trouvait ça vraiment bien, mais Greg s'est mis à rougir et l'a envoyé promener. Pas question de donner de la voix devant ce père qui tous les matins en l'emmenant à l'école chantait à tue-tête dans la voiture. Serge Lama, Brel, Aznavour, toute la chanson francophone y passait. Pierre faisait aussi partie d'une troupe, Le Grenier de la chanson, et donnait déjà des spectacles au profit de Vaincre la mucoviscidose. Greg était loin d'imaginer pouvoir faire pareil.

Son père a un peu aidé le destin. Je revois encore la scène. Le 12 juillet 1998, nous faisons du camping à Argelès-sur-Mer. La France joue la finale de la Coupe du monde de football contre le Brésil. Le lendemain, le camping organise une soirée karaoké et Pierre aimerait y entraîner son fils. Grégory n'a pas du tout, mais alors pas du tout envie d'y aller. Trop timide. Pierre lui propose un pari, sachant qu'il est incapable de résister à l'un de ces défis qu'ils se lancent en permanence : « Si la France gagne la Coupe du monde, tu chantes ! » La France a gagné, Greg s'est retrouvé au pied de l'estrade, obligé de respecter sa parole. Tétanisé par le stress, il tousse beaucoup. Il n'a jamais chanté en public. Moi-même, sa maman, je ne l'ai jamais entendu ! Devant la scène, une cinquantaine de personnes s'amusent, discutent, écoutent les vacanciers se produire les uns après les autres dans un brouhaha sympathique. Pierre est passé, c'est au tour de Greg. Il a quinze ans mais en fait à peine douze, n'a aucune technique de chant, il n'a même pas encore mué… Mon bout de chou rassemble tout son courage et entonne *Je m'voyais déjà* de Charles Aznavour. Tout le monde se tait. Silence impressionnant. Tout le monde se lève. Applaudissements. Je suis en larmes. Bonheur intense. Grégory aussi a l'air heureux. Et surpris. Il a goûté à quelque chose qui va changer sa vie…

Deux mois plus tard, Pierre l'a amené avec lui à une répétition du Grenier de la chanson. À la fin de la séance, la professeur de chant, Françoise Wisner, a demandé que toute la troupe reste pour l'écouter. Il a pris le micro et a interprété *Zora sourit*, de Céline Dion. Françoise, une ancienne cantatrice qui n'était pas du genre à noyer ses élèves sous les compliments, n'en revenait pas. Elle a attrapé Pierre par la manche et lui a dit que Grégory avait quelque chose à faire avec cette voix, que ce n'était pas possible autrement. Ce n'était pas à nous, parents, de dire que notre fils était doué. Je crois que ce jugement d'une professionnelle a conforté Greg, il a su qu'il avait trouvé ce qu'il cherchait.

*
* *

À l'école, en revanche, il ne trouvait plus son compte depuis quelques années déjà. Passé l'époque heureuse du primaire, il a eu du mal à s'adapter à la sixième, au collège de Barby, la ville où nous avions déménagé. Il avait été séparé de ses amis d'enfance, de ses repères rassurants, côtoyait des enfants qui ne le jugeaient que sur son apparence physique, et il n'était pas bien costaud. Dès la cinquième, nous l'avons inscrit au collège privé Saint-François, à Chambéry.

Le directeur, M. Damian, était un homme très attentif qui ne dévalorisait jamais les gamins. Heureusement qu'il était là. Grégory lui était très attaché. M. Damian l'encourageait toujours quand ses bulletins scolaires n'étaient pas très bons. Greg avait horreur des mathématiques, préférait le français et s'asseyait volontiers près du radiateur et des fenêtres pour laisser libre cours à son imagination vagabonde. Comme il manquait souvent l'école à cause de ses ennuis de santé, nous lui faisions prendre des cours de soutien, notamment pour travailler son expression écrite. Pour ça, il était toujours demandeur. En fait, je n'ai pas beaucoup de souvenirs de cette période. Sans doute parce que Greg ne s'y est pas réalisé. Il n'a pas aimé ses années collège. Il avait très peu d'amis. Les choses de la vie l'avaient rendu plus mature que les jeunes de son âge, mais dans le même temps il était en retard sur sa puberté. À l'adolescence, on ne se fait pas de cadeaux. Il était tout petit et ça le complexait beaucoup. Il s'entendait mieux avec les filles, qui aimaient son côté charmeur très naturel mais voyaient en lui davantage un petit frère qu'un petit copain. Ce fut sûrement la période de sa vie la plus compliquée à gérer. La musique est arrivée au bon moment.

Durant sa seconde au lycée de La Ravoire, le décalage avec les autres élèves s'est accentué. Après l'épisode du camping, il avait commencé à faire des concours de chant et avait même participé à l'émission « Graines de star » sur M6. Parallèlement, les périodes de surinfection et les cures d'antibiotiques en perfusion se sont rapprochées, il s'est un peu éloigné du lycée, les notes n'ont pas suivi. Un soir, au printemps 2000, il est venu nous trouver dans notre chambre et a sorti ce qu'il avait sur le cœur.

– Papa, maman, je voudrais quitter l'école.

Je n'y suis pas heureux, et ce que je veux vraiment, c'est être chanteur.

On a dit d'accord. Sans hésiter. Notre confiance en lui était sans limites, on savait que ça venait de ses tripes, qu'il n'essayait pas de se défiler par fainéantise. Et ça n'avait rien à voir avec la mucoviscidose. Si, des années plus tard, notre fille Leslie était venue nous tenir le même discours, notre réaction aurait été exactement la même. Grégory a accepté notre seule condition, suivre des cours par correspondance pour ne pas se couper du monde et pour parfaire sa culture générale. Il a joué le jeu. Un peu. Au fil des mois, il devenait de plus en plus difficile pour lui de travailler à la maison. Greg pouvait faire preuve d'une volonté de fer quand il avait décidé quelque chose, mais ne parvenait pas à s'impliquer si ça ne lui semblait pas vital. Il a arrêté les cours au bout d'un an, sans que ça n'écorne la confiance que nous lui portions. Nous avons eu raison de croire en lui. Parfois plus que lui-même, quand le doute l'envahissait et qu'il n'y arrivait pas. Il me disait :

– Si j'ai cette voix-là maman, c'est pas pour rien ! Pourquoi j'ai cette saloperie de maladie, pourquoi j'ai cette voix ? Les médecins ne comprennent pas ! Pourquoi je peux chanter comme ça alors que je n'ai pas de souffle ?

Il fallait qu'on le secoue pour lui redonner de l'espoir. On l'a shooté à l'optimisme, de sa naissance jusqu'à la fin, au moment de lui dire au revoir, quand on lui a dit qu'on ne se quitterait pas. Il faut toujours croire qu'on a les mêmes chances que les autres. C'est ainsi qu'on accède à ses rêves. C'est ainsi que Grégory a pu faire « tout ça ».

Tu prends

Assis sur la chaise tu ressens
Le doute, l'espoir à chaque instant
Perdu au fond de tes pensées
Tu vas finir par te trouver

Le reflet de la glace devient flou
La barre du trac te pend au cou
Mais la douceur de l'esprit
Te donne le souffle de vie

Tu prends tout cet amour qui te porte
Tes doigts se croisent pour faire en sorte
Que tes faiblesses deviennent poussières
Que tu oublies de te faire la guerre

Tu prends tout cet amour qui te porte
Tes mains se croisent pour faire en sorte
Que tes prières caressent le rideau noir
Que tes yeux s'ouvrent car c'est ton soir…

Grégory Lemarchal

J'ai entendu un jour quelqu'un à la radio ironiser sur les candidats de télé-crochets. Pour cet auditeur, ces jeunes se prenaient pour des stars alors qu'ils n'avaient jamais rien fait de leur vie, ils n'étaient que des Kleenex bons à jeter à la fin du générique et, en plus, la plupart ne savaient même pas chanter. De toute façon, avec la puissance des médias aujourd'hui, n'importe qui pouvait devenir une star ! Comme si l'on passait de sa salle de bains à un studio d'enregistrement juste par la magie des caméras. C'est donc ça, le fabuleux pouvoir de la télévision, changer toutes les citrouilles en carrosses ? Pour Grégory, comme pour beaucoup d'autres, la réalité est un peu différente. Entre le podium du camping d'Argelès-sur-Mer et les planches brûlantes de l'Olympia, le chemin a été long.

Greg a commencé au Grenier de la chanson avec son père et Françoise Wisner. C'est là qu'il a travaillé les bases, lentement, qu'il a goûté pour la première fois au parfum de la scène, qu'il s'est construit mois après mois. Ce qui n'était au début qu'un passe-temps a pris de plus en plus de place dans son existence. Un vendredi soir, au mois d'avril 1999, nous étions en famille devant la télé. Sur M6, passait l'émission « Graines de star », produite par Thierry Ardisson et présentée par Laurent Boyer. Des garçons et des filles venaient se soumettre au vote du public dans différentes catégories : humoriste, mannequin, imitateur et bien sûr chanteur. Grégory adorait cette émission. Alors sans dire un mot, je me suis levée du canapé, suis allée vers le bureau pour brancher le Minitel, et l'ai inscrit au casting. Je ne le lui ai avoué que quand il a fallu envoyer à la production un CV et un CD avec sa voix. Il était fou de joie, sans trop oser y croire. Avec Pierre, ils ont immédiatement enregistré des chansons de Richard Cocciante, Florent Pagny, Daniel Balavoine et, bien sûr, de Céline Dion. Assez rapidement, Grégory a été convoqué à Paris. J'étais déjà heureuse qu'il ait été retenu parmi des centaines de candidats, et qu'il puisse chanter pour la première fois dans un vrai studio d'enregistrement. Après ce casting, il est rentré à Chambéry des étoiles plein les yeux.

Je me souviens comme si c'était hier que Pierre et moi étions à Colmar pour célébrer nos vingt ans de mariage quand on m'a appelée pour me dire qu'il n'était pas sélectionné. Ils avaient besoin de trois chanteurs, et Greg n'était que le quatrième de leur sélection. J'ai dû le lui annoncer par téléphone. Au bout du fil, j'ai senti mon fils complètement effondré. Sa première tentative se soldait par un échec et, moi, j'étais censée faire la fête, trop loin pour le serrer fort dans mes bras. Par bonheur, mon père et ma mère étaient près de lui. Ils ont su trouver les mots pour le consoler et le calmer. Ce n'était que partie remise.

Nous reprenons contact avec « Graines de star » dès le mois de septembre. Ils se souviennent de Grégory. Cette fois c'est la bonne. Nous allons à Paris pour enregistrer l'émission qui sera diffusée le 8 octobre. Grégory tient absolument à chanter un titre de Céline Dion mais la production ne veut pas, sous prétexte que c'est « une chanson de fille ». Il est très déçu, mais fait ce qu'on lui dit. Pour sa première télé, le voilà donc qui interprète *Le Chanteur*, de Daniel Balavoine. Il a seize ans et demi, et fait vraiment petit bonhomme.

Il n'a pas encore mué et d'ailleurs l'équipe de production pense qu'il ne gardera pas une telle voix. Greg n'est pas particulièrement satisfait de sa prestation. Le texte ne lui convient pas, et il n'aime pas s'entendre aussi haut perché. À la fin du morceau, il doit rejoindre Laurent Boyer et son invité, Marc Lavoine, pour répondre à quelques questions. Il arrive, salue l'animateur et file s'asseoir, sans prêter attention à Marc Lavoine qui s'est levé et lui tend la main ! Le trac, sûrement… Avec Leslie et Pierre, installés dans le public, nous en avons beaucoup ri. Dire que quatre ans plus tard, Grégory commencera aussi la Star Academy par une chanson de Balavoine, et dire, surtout, que Marc Lavoine sera l'un des premiers artistes à lui ouvrir grand les bras…

« Graines de star » le rappellera pour une émission spéciale. C'est comme ça que, devant les caméras, il a chanté pour la première fois avec Patrick Bruel, en compagnie d'autres candidats, sur *Place des grands hommes.* Si Greg n'a pas gagné son premier télé-crochet, le simple fait d'y participer lui a donné encore plus l'envie de persévérer et lui a permis d'apprendre certaines choses. Notamment que quand les lumières s'éteignent, tu te retrouves brutalement seul. Et que c'est aussi la porte ouverte à tous les opportunistes. Peu de temps après l'émission, un faux manager est venu nous voir pour nous proposer ses services. Mon dieu, dans quel milieu mettions-nous les pieds ?

Dès la fin du mois d'octobre, Grégory participe à son premier concours de chant, le « Tremplin des étoiles » de Montélimar. Toute la famille l'a accompagné pour le soutenir. C'est un concours international assez réputé, qui cette année-là rassemble près de deux cents participants, devant huit cents spectateurs. Au moment où il doit monter sur scène pour interpréter une chanson de Céline Dion, encore, l'organisateur lui demande sa carte d'identité pour s'assurer qu'il a bien l'âge requis… seize ans ! C'est vrai qu'il en fait largement deux de moins, mais je vois mon Greg vexé comme un pou ! En attendant, dès les premières notes de sa chanson, plus personne ne se demande quel âge il peut bien avoir. Dans la salle, une dame me glisse à l'oreille : « Votre fils, il est auréolé… » Pour sa toute première confrontation à d'autres chanteurs, il termine sur la deuxième marche du podium. Qu'est-ce que je suis fière ! Lui aussi, d'ailleurs, jusqu'à ce qu'un des membres du jury nous explique en rigolant qu'il ne pouvait pas gagner si jeune, et à sa première participation, sinon il risquait d'attraper la grosse tête. Pas le genre de raisonnement que Grégory pouvait entendre…

Ce jour-là, pourtant, il n'a pas tout perdu puisqu'il a fait la connaissance de Marie-Noëlle, qui allait devenir son professeur de chant à Grenoble. Nous l'y emmenions une ou deux fois par semaine. C'est à cette époque que nous avons découvert que chanter, et donc respirer par le ventre, faisait du bien aux jeunes atteints comme lui de mucoviscidose. À l'hôpital de Roscoff, par exemple, cela fait même aujourd'hui partie de la thérapie. Ils ont ouvert un atelier de chant en 2004 et ça fonctionne très bien.

Greg a pris sa revanche l'année suivante, en octobre 2000, en remportant le « Tremplin des étoiles » avec *Je sais pas* de Céline Dion. Cette fois, personne n'a osé lui dire qu'il était trop jeune. Pendant un an, il avait fait son apprentissage. Tous les quinze jours, il était sur scène, enchaînant les premières ou deuxièmes places dans les concours, faisant la tournée des stations de ski près de chez nous ou les premières parties de spectacles comme ceux d'Hervé Vilard ou de l'humoriste Guy Montagné. Mon dieu, qu'il en voulait ! Et nous, incrédules, nous assistions à l'emprise qu'il exerçait sur un auditoire. C'est aussi à cette époque qu'il a fait la connaissance d'Odile Thébault, de Vaincre la mucoviscidose. C'est elle qui lui a demandé de chanter au Palm Beach de Cannes pour une soirée caritative. Nous y sommes allés avec Pierre, Leslie, mes parents, Tessa – la cousine de Pierre pour qui Greg éprouvait beaucoup d'affection – et son mari Bernard. C'était très émouvant, et pour nous et pour lui, de le voir s'engager artistiquement pour une cause qu'il connaissait malheureusement si bien. Cette année-là, il chantera également dans une manifestation locale pour le Téléthon, et au Green de l'espoir pour Vaincre la mucoviscidose.

Il avait quitté l'école, sa vie tout entière était désormais occupée par la chanson. Il progressait, découvrait de nouvelles sensations, mais manquait de perspectives ailleurs que dans notre région. Il a cru tenir vraiment sa chance au début de l'année 2004, avec la comédie musicale *Belle, belle, belle,* qui devait se jouer à Paris. Greg avait été retenu pour être doublure d'un chanteur. Il assistait donc aux répétitions chaque jour et prenait des cours de chant. Gérard Louvin, le producteur du spectacle, avait flashé sur sa voix, au point de dire que s'il l'avait entendu plus tôt, il lui aurait peut-être confié l'un des rôles principaux. Mais c'était trop tard, et de toute façon Greg n'était pas vraiment « dedans ». Ses soucis de santé diminuaient ses possibilités, notamment pour toutes les parties dansées, et surtout il se demandait s'il ne se trompait pas de voie. À force de questions, il a pris la décision de renoncer et est rentré à Chambéry. Mais même là, même pendant ces heures où le doute avait raison de son énergie, il n'a jamais pensé à abandonner. Tant pis s'il ne perçait pas, quoi qu'il arrive il chanterait toute sa vie.

À une journaliste, il le confiera plus tard :

– Je savais qu'en plus du talent, il fallait un brin de chance, que j'ai eu en étant sélectionné pour la Star Academy.

*

* *

Grégory n'a pas fait la Star Academy pour devenir une star. Il détestait ce mot. Il voulait juste être chanteur. Un jour il m'avait dit, alors qu'on faisait des courses dans un magasin de disques :

– Tu vois, je serai très heureux quand j'aurai ma tête là, dans les bacs, avec un single.

Après avoir remporté la finale de la Star Ac', il savait que le plus dur était à venir. Il pensait « j'ai fait le break, comme au tennis, maintenant il faut que je confirme ». Greg employait souvent des métaphores liées au sport quand il voulait exprimer ses pensées. Comme son père. Dès que nous sommes rentrés à Chambéry, le 24 décembre, ils ont discuté de la façon de gérer la suite. Pierre m'a raconté le discours qu'il lui avait tenu.

– Pendant les quinze jours qui viennent, il faut absolument que tu te reposes. Tu es comme un sportif de haut niveau, ta principale préoccupation doit être de récupérer avant la reprise, sinon tu mettras des mois à t'en remettre. Pour un chanteur, le sommeil est primordial. Toi, en plus, tu as des problèmes de santé. Alors concentre-toi sur ton hygiène de vie et écoute ton corps…

Pierre, après l'armée, avait été entraîneur de basket à haut niveau, et son fils venait chercher chez lui exactement ce type de conseils, d'encadrement. Alors il l'a écouté. Un peu. Parce que demander à Grégory de se poser et de ne rien faire, c'était comme essayer d'apprendre à un chat à aboyer… Il n'avait qu'une hâte, préparer son album.

Greg a déjà quelques idées. Il sait qu'il aime les chansons avec du piano, des cordes, qu'il veut des morceaux qui bougent pour les défendre sur scène. Il sait aussi qu'être devenu célèbre avant même d'avoir enregistré est un avantage, et un inconvénient. Il n'a pas le droit de décevoir les quatre-vingts pour cent de téléspectateurs qui ont voté pour lui, et il doit faire passer quelque chose de supplémentaire pour attirer les autres. Bertrand Lamblot, alors directeur artistique du label Mercury, a déjà travaillé de son côté et, en plus, il ramène dans son escarcelle Yvan Cassar pour réaliser le disque. Greg n'en revient pas. Yvan Cassar, qui a collaboré avec Nougaro, Hallyday, Goldman ou Mylène Farmer, a lui-même voulu être de l'aventure. Le 5 novembre, il accompagnait Florent Pagny à la Star Academy quand Bertrand, présent dans les coulisses, est venu le chercher : « Viens vite écouter ça ! » Sur le plateau, Grégory chantait *SOS d'un terrien en détresse*. Yvan en avait eu des frissons…

*

* *

« Pourquoi je vis / Pourquoi je meurs / Pourquoi je ris / Pourquoi je pleure / Je crois capter des ondes / Venues d'un autre monde. » Je ne peux plus écouter cette chanson. Elle m'arrache trop de larmes, m'étouffe le cœur, me renvoie des images d'une beauté cruelle. Oui, mon fils était beau ce soir-là, à la Star Academy. Cette chanson, c'était un peu lui. Il avait eu peur de ne pas aller au bout, de laisser couler ce qu'il retenait en lui depuis toutes ces années. Pourtant, sa première inquiétude, quand on lui a annoncé qu'il devrait la chanter, a été de ne pas y arriver techniquement. Il a appelé son père.

– Papa, je suis dans la merde, je dois chanter *SOS* vendredi. J'ai des problèmes dans les graves.

Pierre est à ce moment-là avec son ami Patrick, qui a une très bonne oreille musicale. Il écoute Greg chanter au téléphone, dans la tonalité de Daniel Balavoine, et immédiatement lui conseille de la monter d'un demi-ton. Et ça marche. Matthieu Gonet, le coach vocal de la Star Ac' est d'accord, ils la feront comme ça. Aux répétitions avec l'orchestre symphonique, Grégory n'arrive pourtant pas à sortir la note la plus haute. Je ne sais pas où il est allé la chercher pendant le *prime*. Greg avait une amplitude vocale de trois octaves et demie, voire quatre quand il était très en forme, mais ce soir-là il s'est passé autre chose. Il était dans sa bulle, on le voit très bien à la fin du titre, au moment où il enlève ses oreillettes : ce sont les applaudissements qui le ramènent sur terre. Pour moi qui le regardais à la télévision, ce fut un instant surréaliste. Je n'avais pas pu avoir de place cette semaine-là pour venir à Paris. Je suis restée devant ma télé, en apnée jusqu'à la dernière note. Depuis qu'il avait commencé à chanter, jamais Grégory n'avait vécu de moment aussi fort. En se revoyant lors du débriefing du *prime* avec Milo, il n'a pu s'empêcher de pleurer, expliquant qu'il s'était vu sur scène, qu'il était sorti de son corps.

Cette interprétation a apparemment marqué les esprits, y compris chez les personnes les plus proches de *SOS*… Luc Plamondon, qui avait écrit le texte de cette chanson sur une musique de Michel Berger et l'avait entendue des centaines de fois, a lui aussi été incapable de retenir une larme en découvrant cette séquence au château de Dammarie-lès-Lys, où il rendait visite aux élèves. Il était bouleversé, et en plus c'était la première fois qu'il entendait quelqu'un la chanter un demi-ton au-dessus. Greg a pris le compliment, un peu gêné comme chaque fois qu'un artiste lui disait tout le bien qu'il pensait de son travail. France Gall elle-même, paraît-il, a trouvé sa prestation magnifique. À l'occasion des « 30 ans de Starmania » sur France 2, en avril 2009, on peut d'ailleurs la voir regarder avec une certaine émotion Greg en interprétant un extrait. Elle a aussi déclaré en interview que c'était elle qui avait soufflé à la production de lui faire défendre ce titre. Enfin, pour les vingt ans de la disparition de Daniel Balavoine, Grégory l'a chantée sur TF1 en trio avec Patrick Fiori et Tina Arena. La femme et la fille de Balavoine, extrêmement chaleureuses, sont venues le féliciter. Cette chanson est définitivement associée à mon fils, et à ma peine.

*

* *

L'album de Greg s'est construit très vite. Bertrand Lamblot et Yvan Cassar sont descendus deux jours à Sonnaz pour lui faire écouter les maquettes de différents titres. Certains existant déjà, en italien comme *Écris l'histoire* de Davide Esposito, ou en allemand comme *Je deviens moi*. D'autres ont été écrits spécialement pour lui, comme *À corps perdu* ou *Je suis en vie*, et Luc Plamondon a tenu la promesse faite au château en lui offrant *Le Bonheur tout simplement*. Pour la première fois de ma vie, je voyais Grégory emporté par une belle euphorie, refusant tel texte, voulant tout de suite poser sa voix sur telle mélodie et la faire sienne. Il a ensuite beaucoup travaillé, seul de son côté, avant de repartir pour Paris avec son père.

Greg lui avait demandé de lâcher toutes ses activités professionnelles pour ne s'occuper que de lui. Ça le rassurait, et il savait que son père n'hésiterait pas à lui remettre les idées en place. Pierre a accepté, évidemment. Arrivés devant l'immeuble d'Universal, dans le cinquième arrondissement, ils ont été accueillis par une dizaine de fans, informés je ne sais pas comment de leur venue. J'ai toujours été sidérée de constater que les fans étaient souvent au courant de tout avant tout le monde ! Pierre a quand même pris le temps de s'arrêter devant la porte, et a regardé son fils.

Greg, c'est ici que ça commence…

Je sais, papa…

La première personne qu'ils rencontrent est le chef de projet qui va prendre en charge Grégory au sein du label Mercury. Une espèce de grand nounours chauve au regard franc. Il s'appelle Olivier. Olivier Ottin. Il a déjà travaillé avec Sylvie Vartan, Calogero, Florent Pagny, Zazie ou Marc Lavoine. C'est lui qui a demandé à s'occuper de notre fils après l'avoir vu à la Star Ac'. Entre eux, ce fut très vite une belle histoire. Greg lui a tout de suite fait confiance, Olivier est devenu son ami, son confident, son guide. Ils ne pouvaient rien se cacher, un simple regard, une intonation au téléphone suffisait à l'un pour comprendre l'autre, dans les bons et les mauvais jours. Je crois que Greg, parfois, en a fait voir de toutes les couleurs à son pote. Il était par exemple capable de l'inviter à déjeuner chez lui en lui disant : « En passant, tu peux faire les courses et me rapporter *L'Équipe* ? » Olivier ne manquait jamais de se venger de ses coups tordus. Un jour, Grégory devait faire sa promo sur le plateau du « Hit Machine » de M6. Olivier l'appelle et le prévient :

– Demain, tu devras faire un duo avec le chanteur Amine et une partie de ton texte est en arabe. Je te l'envoie, tu as la soirée pour l'apprendre !

Le lendemain matin, Greg le rappelle. Il y a passé la nuit et, vraiment, se demande s'il va y arriver. Olivier ne pouvait plus s'arrêter de rire. Évidemment, il avait inventé l'histoire de ce duo. Greg l'a insulté au téléphone pendant une demi-heure…

À un moment, Olivier a eu des soucis chez Mercury. Grégory n'a pas hésité une seconde.

– Puisque c'est comme ça, tu ne veux pas devenir mon manager ?

Avec le recul, je sais qu'Olivier était la seule personne, avec Pierre, à pouvoir épauler Grégory au quotidien. Ils s'aimaient profondément. Nous aussi aimons infiniment Olivier. Il est toujours là, près de nous, il nous conseille, nous écoute, nous protège. Il tient une place prépondérante dans nos cœurs et dans l'Association Grégory Lemarchal, dont il est vice-président. Lui aussi a juré à Grégory de se battre jusqu'au bout. Il me dit souvent qu'il ne peut pas craquer, qu'il sait que, sinon, Greg descendra pour lui « mettre un coup de pied au cul » !

Ce jour de janvier chez Universal, c'est Olivier qui présente Pierre et Greg à toute l'équipe, en commençant par Santi, le patron de Mercury, qui accueille Grégory d'un tonitruant « Bienvenue dans la tribu ! ». Ces mots ont beaucoup marqué notre fils. Il intégrait une deuxième famille, dont la seule passion, le seul moteur, était la musique. Il avait aussi hâte de retrouver Yvan Cassar. Chez celui-ci, ils ont appris à s'apprivoiser, à se faire confiance. Chaque fois que Grégory chantait, il cherchait dans les yeux d'Yvan le signe de sa satisfaction. Il ne courait pas après les louanges, mais voulait juste lui faire plaisir. Je crois qu'Yvan avait beaucoup d'affection pour Greg. Il disait qu'il était facile à vivre et à travailler, et que ce n'était pas le cas de tous les chanteurs. Un jour, presque timide, il lui a proposé une chanson.

– J'ai un texte de Marc Levy et j'ai composé une musique…

– Vas-y, chante !

Dès qu'Yvan a entamé *Je t'écris*, un large sourire a illuminé son visage. Tout d'un coup, à la fin du morceau, Yvan a commencé à partir dans tous les sens sur son piano. La sublime balade se transformait en épopée sauvage. Grégory était comme un fou, il s'y voyait déjà : « Ça va être génial sur scène ! »

J'ai vécu beaucoup de ces moments par procuration. Grégory était le plus souvent seul avec son père, nous étions restées entre filles à Sonnaz. Tous les jours, je prenais des nouvelles. Il avait loué un petit appartement dans le cinquième arrondissement, par hasard à cent mètres seulement des locaux d'Universal. Cette fois, mon fils avait bel et bien quitté le nid. Je n'étais pas plus inquiète que ça, je savais qu'il était en forme et qu'il s'épanouissait pleinement dans le travail. Surtout, je voyais qu'il faisait particulièrement attention à son hygiène de vie. Avant d'enregistrer son album, il avait suivi pendant quinze jours sa cure d'antibiotiques, pour « refaire le plein », comme il disait. Et même s'il n'était pas du matin, il se levait plus tôt pour prendre le temps de faire ses soins avant d'aller chanter.

En studio, la complicité avec Bertrand Lamblot et Yvan Cassar se sentait. Je n'y suis allée que deux fois, mais j'ai vu que Greg n'était jamais vraiment satisfait de ses prestations. Il pouvait s'acharner à refaire la même phrase pendant une demi-heure, ce qui donnait parfois des dialogues assez cocasses.

Yvan : – Ça y est, je l'ai !

Greg : – Non, elle ne me plaît pas, on recommence…

Yvan : – Oh ! C'est moi qui décide, je te dis que c'est bon !

Greg : – Non, je suis sûr qu'on peut mieux faire !

En général, il ne faisait pas mieux, et Yvan ne ratait pas l'occasion de se moquer de lui…

Avant même d'avoir fini l'enregistrement, Grégory l'a prévenu :

– Le deuxième album, on le fait ensemble. Puis le troisième, le quatrième…

Yvan a passé des nuits entières sur ce disque pour le finir dans les temps. Est arrivée l'heure des choix avec l'équipe de Mercury. Quel morceau sortir en premier single, le plus important, celui que tous les fans et tous les critiques attendent en général ? *À corps perdu ? Écris l'histoire ? Je deviens moi ?* Pascal Nègre avait sa petite idée :

– Vous verrez, c'est *Écris l'histoire* qui va marcher… Bien sûr, il avait vu juste.

Sur le tournage du clip, Grégory n'en mène pas large. Quand il arrive au cinéma Mac-Mahon, à deux pas de la place de l'Étoile, les techniciens, les photographes et les figurants sont déjà en place. Pour se détendre, Greg fait ce qu'il sait faire de mieux : aller discuter avec tout le monde.

S'il y a bien une chose dont je suis fière, c'est que mon fils soit toujours resté dans la vraie vie, celle où il n'y a pas de place pour la grosse tête, celle où l'on va naturellement vers les autres sans faire de différences.

Le scénario du clip est assez simple : Grégory est avec des jeunes de son âge dans un cinéma. Il repère une fille, qui n'a pas l'air non plus insensible à son charme. Échange de sourires, regards langoureux, ils finissent par s'embrasser avec la passion et la timidité de leurs tendres années. *Écris l'histoire*… Comme ça, ça semble facile, mais connaissant Grégory, je ne suis pas sûre qu'il ait été très à l'aise. Heureusement cette jolie blonde, pudique et espiègle à la fois, a su le mettre en confiance. À en croire Pierre, présent sur le plateau, notre fils s'est montré très professionnel, allant jusqu'à accepter de refaire la prise quatre ou cinq fois. C'est tout juste s'il n'a pas fallu les séparer…

Plus sérieusement, Greg s'est montré très impliqué sur ce tournage, voulant sans cesse, par exemple, jeter un œil sur les rushes. De manière générale, il aimait se mêler de tout dans le travail. Olivier ne pouvait pas choisir meilleur jour pour lui faire la plus belle des surprises.

Greg est entre les mains de Laetitia, sa maquilleuse, sa complice depuis la Star Ac', la seule avec qui il s'abandonne totalement pour, comme il dit, cacher « les misères » et les cernes sur son visage, quand Olivier arrive avec une grande enveloppe. Il l'ouvre et en sort la pochette du fameux single. À cet instant, le désir le plus cher de Greg se réalisait : il allait lui aussi avoir sa tête dans les bacs.

Il s'est lancé dans la promotion de son album avec un appétit démesuré. Il voulait répondre à toutes les demandes d'interview, tout le temps. Pour lui, il n'y avait pas de petit journal ou de petit public. Il était capable de faire des centaines de kilomètres pour une radio locale. « Vous ne vous rendez pas compte, même s'il n'y a que quelques milliers d'auditeurs, parmi eux certains vont découvrir mon album ! » Il en devenait presque pénible. Il fallait pourtant qu'il fasse attention. Il ne pouvait pas donner d'interview le matin parce qu'il faisait ses soins, ne pouvait pas enchaîner les longs voyages… Malgré son envie, il a dû renoncer à certaines opérations de promotion de son premier album. Bien souvent, il comprenait, mais il râlait. Parfois, il ne voulait rien entendre. Tête de mule !

*
* *

La tournée de la Star Ac' est arrivée au bon moment. Greg avait un petit coup de blues. Ils ne s'étaient pas quittés depuis bien longtemps, mais ses copains lui manquaient déjà beaucoup.

Des liens forts s'étaient créés, il avait hâte de les retrouver à Divonne-les-Bains, fin mars, pour les répétitions. C'était compter sans sa légendaire capacité à oublier sa tête ! Arrivé à l'aéroport de Roissy, où il doit prendre un avion pour Genève avec son père, Grégory s'aperçoit qu'il n'a pas sur lui sa carte d'identité… Panique, coups de téléphone, course dans l'aéroport devant des fans aux aguets, ils remontent dans un taxi direction la gare de Lyon où, in extremis, ils arrivent à attraper un train. Et dans le train, petit moment de bonheur que le hasard nous réserve parfois, ils tombent nez à nez avec Kamel Ouali et sa troupe de danseurs…

Les répétitions sont passées à une vitesse éclair, il est temps d'aller affronter le public, le vrai, pas celui virtuel de la télévision, mais celui qui fait corps devant vous, qui crie, qui chante, celui qu'il faut séduire à chaque seconde. Ce ne sont plus des candidats, ce sont des artistes. Greg est très concentré, un peu fatigué par l'enregistrement de son album, mais très excité à l'idée d'enfin monter sur scène. Je suis là, bien sûr, avec Pierre et Leslie. Après le premier tableau qui rassemble toute la troupe, il chante pour la première fois *Écris l'histoire*, son premier single.

Toute la salle le reprend déjà en cœur, hurle son prénom, sort des pancartes « Grégory ! »… Mon fils est heureux, très heureux, même s'il semble gêné d'être valorisé par rapport aux autres dans le spectacle, alors que tout le monde a l'air de trouver ça normal. S'il avait joué au vainqueur, ses camarades ne se seraient peut-être pas montrés aussi attentionnés. Au contraire, il a repris naturellement ses habitudes de la vie au château, discutant avec tout le monde, y compris et surtout avec les techniciens, faisant les pires bêtises avec Matthieu Gonet. Ils avaient un jeu assez spécial tous les deux. Pendant que l'un avait le dos tourné, par exemple, l'autre lui piquait les clés de sa chambre d'hôtel et la mettait complètement à sac…

Cette tournée, vécue à mille pour cent, lui a vraiment fait du bien. Chanter, c'était son souffle. Notre principale angoisse, avec Pierre, était qu'il soit pris de quintes de toux au milieu des chansons. Ça n'a jamais été le cas. La mucoviscidose n'avait pas sa place sur scène. Comme quoi, le mental…

Et toujours ce besoin d'aller vers les autres, les gens, le public. Pierre, qui le suivait, m'a raconté un épisode assez révélateur à ce sujet. Avec l'écriture de ce livre, je vois que des images et des jolies tranches de vie parfois en sommeil au fond de son cœur refont surface. Ce jour-là, la tournée passe par Albertville, à quelques kilomètres de chez nous.

Dès l'après-midi, devant le hall Olympique, des dizaines et des dizaines de personnes attendent que les portes s'ouvrent, la queue fait déjà cent cinquante mètres. On fait entrer les Star academyciens par l'arrière de la salle, et Grégory se met à râler : il veut sortir et aller voir ces fans qui attendent sous le soleil. Il commence même à s'engueuler avec les gardes du corps. À Yannick, un amour mais une sacrée baraque, il lance :

– Si tu m'interdis d'aller signer des autographes, je te casse la gueule ! Imagine que je reste planqué là, que vont-ils penser ?

Yannick, José, Patrice et le surnommé « PC » ont installé à la va-vite des barrières le long de la queue. Et il y est allé, avec son stylo. Les gens étaient estomaqués.

Les rapports avec les fans n'ont pas toujours été aussi sereins. Le premier contact avait même été assez pénible. Le week-end précédant la finale de la Star Academy, les candidats rentraient chez eux. Greg se faisait une joie de revenir en Savoie, il était fier de sa région et ne manquait jamais d'en parler devant les caméras.

Quand il est descendu du train avec Matthieu Gonet en gare de Chambéry, il y avait énormément de monde. Il voulait discuter avec ses admirateurs, bien sûr, mais la foule était trop excitée, les gardes du corps ont préféré jeter Grégory dans une voiture. Il en fut frustré, mais il avait aussi eu physiquement très peur. Cette expérience l'avait choqué, et moi également. Après la finale, nous sommes rentrés en voiture tellement j'angoissais à l'idée de me retrouver sans garde du corps avec lui dans un train. Parce que c'était ça, la nouveauté : après environ quatre mois d'assistanat complet, pendant lesquels on fait des candidats le centre du monde, les caméras, les voitures et la sécurité disparaissent. Dès le mois de janvier, des fans venaient le relancer jusqu'à la maison. Greg ne pouvait pas sortir, il se sentait un peu prisonnier. Quand, de temps en temps, il allait au cinéma avec ses copains, il mettait une casquette pour qu'on le reconnaisse un peu moins dans la rue. Il a commencé à marcher en baissant la tête.

Certains ne se sont pas contentés de traîner devant chez nous. Un jour, un monsieur s'est hissé par-dessus le portail. Il voulait « voir ». Quand je suis sortie pour lui signifier que ça ne se faisait pas, il s'en est pris à moi.

– Madame, votre fils est une star maintenant, il faut assumer !

C'est vrai, je n'y avais pas pensé. J'aurais peut-être dû lui proposer de dormir dans notre lit, à ce monsieur, tant qu'on y était, ça lui aurait sans doute fait plaisir… Une autre fois, je marchais dans mon salon en peignoir, après ma douche, quand j'ai vu deux visages collés à la fenêtre. J'ai poussé un cri terrible ! Ce couple, qui avait réussi à s'introduire dans la cour, était lui aussi curieux de « voir » où habitait la « star ». Ça n'a pas tellement fait rire Grégory qui, du coup, avait l'impression de nous attirer des ennuis.

Heureusement, l'immense majorité des gens s'est comportée de manière touchante et respectueuse. Quand Greg a appris qu'il avait un fan-club sur Internet, Just Grégory, il était aussi ému qu'à l'idée d'enregistrer un album. On recevait chaque jour des lettres par centaines, très gentilles pour la plupart. Comment tout lire ? On faisait une sélection et Greg mettait un point d'honneur à répondre d'un petit mot personnalisé. Pour ses supporters, il prenait un temps qu'il n'avait pas toujours. Certains débordements affectifs le dépassaient un peu. Souvent, il leur disait de relativiser les choses : « Je ne suis pas mieux que vous. J'ai deux bras, deux jambes, je suis juste un être humain. »

Greg savait l'importance de ses fans et ce qu'il leur devait. Il espérait tout de même vendre davantage son premier album. Trois cent mille exemplaires, ce n'était certes déjà pas mal, mais ce n'était quand même pas le score de l'année. Il se demandait où étaient passés les quatre-vingts pour cent de téléspectateurs qui l'avaient soutenu pendant la Star Academy. À son décès, ce sont justement ceux-là qui nous ont écrit pour nous dire leur regret de ne pas avoir fait attention plus tôt à sa carrière.

*
* *

Je crois que le plus beau moment de toute cette aventure a été sa tournée solo, en mai et juin 2006. Elle a été à l'image de sa carrière, courte, intense, ponctuée de joies profondes et d'inquiétudes immenses. Il attendait tant cette rencontre avec son public, avec ces hommes et ces femmes qui avaient payé pour le voir, pour s'offrir une parenthèse de bonheur dans une salle de concert. Du bonheur, il en avait tellement à donner qu'il est arrivé à repousser loin les souffrances de son corps. Ce ne fut pas facile tous les jours. À la différence de la tournée Star Ac', il était seul sur scène, ne pouvait pas se reposer sur ses camarades. En plus, Jasmine Roy l'avait très bien analysé à l'époque, tous les titres de Greg sont techniquement compliqués à chanter. Son seul moment de « repos », c'était quand il reprenait *Nos fiançailles*, de Nilda Fernández. Le reste du temps, il fallait y aller. Comme il maîtrisait parfaitement son état de forme et ses cordes vocales, il arrivait les soirs de fatigue à moduler dans l'instant les mélodies pour ne pas avoir à se mettre en danger, et jouait davantage sur le registre de l'émotion. À l'inverse, quand il se sentait bien, il était capable de décrocher la lune, de monter plus haut que prévu dans les notes. Lui-même ne comprenait pas toujours comment. On en parlait parfois ensemble.

– Je ne sais pas comment je fais pour chanter, maman. Je crois que je vais chercher ça ailleurs, ce n'est pas seulement ma voix.

Sur scène, il rayonnait comme je ne l'avais encore jamais vu, respirait profondément cet air chargé d'adrénaline et d'amour, embrassait d'un regard d'enfant ces salles où son prénom s'agitait au bout de mains tendues. Il prenait, prenait, prenait toute cette énergie comme un baume sur ses blessures… Un soir, il a lu à haute voix devant la salle une banderole confectionnée par des fans : « On est venus des quatre coins de la France pour te dire qu'on t'aime ». Il était plus que touché.

Le 13 mai 2006, il fêtait ses vingt-trois ans sur la scène du Centre des congrès d'Aix-les-Bains, à quelques kilomètres seulement de la maison. Nous y avons d'ailleurs ramené tous les musiciens après le spectacle pour fêter l'événement.

Cette tournée, ces moments où il devait monter sur les planches et se mettre à nu lui ont procuré de merveilleuses bouffées d'oxygène. La chanson *Tu prends*, qu'il a écrite cette année-là, raconte le sentiment de liberté et de plénitude qui l'envahissait chaque fois.

En coulisses, pendant les ponts musicaux qui lui laissaient une trentaine de secondes, il devait pourtant reprendre inlassablement le combat contre la mucoviscidose. Dès sa sortie de scène, au premier regard échangé, son père savait si ça allait ou non. Puis, mécaniquement, Grégory saisissait une bouteille d'eau, buvait beaucoup, prenait une serviette pour s'éponger et éviter de prendre froid, se mouchait, toussait et évacuait le mucus qui encombrait ses bronches. Un kiné était là au cas où il aurait eu besoin d'aide. Assis, tête baissée, il se concentrait, puis se levait d'un bond, soufflait, attrapait son micro et repartait sur scène. Tout était réglé comme du papier à musique. Un soir, son père a oublié de lui porter des mouchoirs. Greg l'a fusillé du regard. Dans ces moments-là, il ne rigolait pas du tout.

Quelques dates ont dû être annulées parce qu'il n'était pas en état. Il connaissait ses limites mieux que personne. De toute façon, son médecin et nous étions là, aussi, pour veiller à ce qu'il ne se mette pas en danger. Le soir de son troisième Olympia, le 31 mai, il était tellement fatigué qu'on ne savait pas s'il pourrait chanter. Stéphane, son étiopathe, était venu pour le soulager.

L'Olympia est plein. Greg était si fier, si ému, quand il avait vu son nom en lettres rouges en illuminer la façade ! Mais à cet instant, il n'est plus question de fierté. Thierry Suc, le producteur de la tournée, qui a toujours été totalement à son écoute, s'approche de lui.

– Greg, tu chantes ou tu ne chantes pas, mais maintenant tu fais un choix. Tu peux très bien aller sur scène, t'excuser, et on annule tout. Grégory réagit, j'imagine, comme tous les artistes. Cette solution, la pire, est difficile à vivre.

– Sinon, tu peux commencer avec un plan A, c'est-à-dire la liste de tes chansons les plus « faciles ». Si ça ne va pas, tu arrêtes. Si ça va et si tu en as envie, on te prépare un plan B avec tout le spectacle.

– OK, on va faire comme ça !

Je rejoins mon siège dans la salle au dernier moment, morte de peur. Finalement, il a l'air de tenir. À sa première sortie de scène, Il s'assied sur son tabouret, boit de l'eau. Tout le monde se tait. En relevant la tête, il regarde Thierry et son père.

– Plan B !

J'ai assisté à plus de la moitié des concerts de Grégory, mais je suis sûre que Pierre ne m'a pas tout raconté sur cette période pour ne pas m'inquiéter. Lui seul connaissait le vrai visage de son fils après les applaudissements, quand la porte de la loge se referme. Ils y ont passé des heures, tous les deux. Parfois, il a dû l'empêcher de ressortir pour signer des autographes. Il devait faire ses soins tout de suite, manger, se reposer, reprendre des forces pour le lendemain. Même quand j'étais là, je les laissais tranquilles au moins une demi-heure.

Malgré la mucoviscidose qui ne lui offrait pas le moindre répit alors qu'il était en train de vivre son rêve, Grégory était le plus comblé des artistes. Et c'est alors, la veille de son concert à Marseille, sa ville de cœur, qu'il a fait une crise d'appendicite aiguë. Je trouve ça tellement injuste. Quand le sort s'acharne, il n'y a plus de mots pour exprimer sa colère.

L'appendicite ! Grégory est transporté à l'hôpital Foch de Suresnes. Nous sommes tous effondrés. Lui se reprend tout de suite. Au chirurgien, il demande combien de temps il sera immobilisé.

– Six jours ? OK, on y va. Et je peux rechanter à partir de quand ?

Ça, ça a bien fait rire le médecin. Mais Grégory, lui, ne plaisante pas. Ils se mettent d'accord pour se revoir six jours plus tard. L'opération s'est très bien passée. Greg est juste obligé d'appuyer comme un fou sur sa cicatrice pour l'empêcher de s'ouvrir quand il tousse. Or, il ne peut pas s'empêcher de tousser. Je ne suis pas très inquiète. Ou plutôt si, je suis inquiète tout le temps pour mon fils, mais certainement pas à cause d'une appendicite.

Thierry Suc, en revanche, se demande s'il doit annuler les dernières dates de la tournée. Un ami chirurgien lui a affirmé qu'il serait impossible qu'il remonte aussi vite sur les planches après une telle opération. Pour Greg, il veut tout de même bien retarder l'échéance jusqu'au dernier moment.

Comme convenu, Greg et son chirurgien se revoient six jours plus tard.

– Ta cicatrice est belle, tout va bien. Reste à prendre une décision.

– Très bien : je chante au Cirque royal de Bruxelles demain soir, et après-demain vous venez me voir à L'Olympia avec votre famille !

– Bon. Mais ne force pas, et surtout tu comprimes ta cicatrice avec une bande autour du ventre.

Pour Pierre, ce spectacle de Bruxelles fut magique, dans une ambiance de pure folie. Sauf qu'à la fin, Greg était plié en deux. Sa fameuse cicatrice avait triplé de volume, prête à éclater. Le lendemain, il remettait ça pour la quatrième fois à L'Olympia. À la fin, son chirurgien est venu le féliciter dans sa loge. Il avait adoré. Je ne sais pas s'il parlait du show ou de la démonstration de volonté de mon fils. Moi, j'ai toujours admiré les deux, l'artiste et les leçons de courage qu'il me donnait. Ce dernier Olympia, c'est aussi le premier concert que Pierre a vu en entier, depuis la salle. Il ne s'était jamais autorisé à laisser son enfant quelques instants à d'autres mains que les siennes pour pouvoir se poser et vivre un peu, lui aussi, le côté joyeux de cette aventure unique.

La tournée s'est achevée deux jours plus tard à Metz, en Lorraine, d'où est originaire notre famille. Ce fut un très joli moment, qui aurait pu très mal se terminer. Dans le bus qui le ramène à l'hôtel, Grégory passe la tête par la trappe du toit pour saluer tout le monde. Un caméraman l'a suivi pour les besoins du *making of* du DVD. Ils sont dos au sens de la marche. Greg redescend s'asseoir, mais le caméraman n'a pas le temps de le suivre, et la tête de ce pauvre garçon heurte violemment le bas d'un pont métallique. Sous le choc, il tombe quand même dans le bus, mais il y a du sang partout. Greg était très inquiet, et se sentait coupable. Tout le monde a fini aux urgences, mais le pire a été évité…

Ces trois dernières dates de concerts, arrachées à un destin qui voulait le clouer au lit, sont celles où Grégory a pris le plus de plaisir. Il n'avait plus qu'une envie, recommencer.

Elles

Elles traversent nos vies
Elles nous élèvent vers l'infini
Et nous font sortir de la nuit

Elles nous remplissent le cœur
Nous remuent de l'intérieur
Nous mènent souvent vers la douceur

Un regard perdu, un homme brisé
Un enfant voulu, une vie sauvée
Il y a toujours une larme pour s'inviter

Peu importe ce qu'on voit
Peu importe ce qu'on vit
Elles nous laissent toujours le choix
Pour sortir de l'ennui…

Grégory Lemarchal

Je ne suis sûrement pas la plus objective lorsque je raconte Grégory. Mais je l'assume. Je pensais qu'il avait l'étoffe d'un grand artiste bien avant le concert de louanges qui a suivi sa disparition. Je n'ai pas changé. J'ai juste plus de mal à en parler, les mots restent bloqués dans ma tête, je n'arrive pas à exprimer mes émotions quand je pense à lui, qui savait si bien chanter les siennes. C'est cette qualité, ce don de la vie, qui lui a permis de toucher autant de cœurs. Greg ne cherchait pas à plaire quand il chantait, il puisait dans les joies et les peines qui avaient marqué son existence pour tout donner, intensément, au moment présent. Cet abandon absolu, cette sincérité et cette générosité qu'il dégageait ne trompaient pas son public. Il était lui, tout simplement. Greg avait la voix reliée aux sentiments. Yvan Cassar, qui l'a côtoyé jour après jour pendant l'enregistrement de son album, se demandait comment un garçon aussi pudique pouvait faire passer de telles émotions. Peut-être y arrivait-il justement parce que ces émotions, qu'il sublime si bien dans son texte *Elles*, étaient restées longtemps enfouies en lui, silencieuses, et qu'il n'avait pas trouvé de meilleure façon de les exprimer que de les chanter.

Dès le début, j'avais été frappée par ses prédispositions. Il investissait chaque chanson, quelle qu'elle soit, réussissait malgré son jeune âge à donner du poids aux mots, pour mieux transmettre toutes les nuances de l'histoire. Plus tard, sur le plateau de la Star Academy, j'ai admiré sa faculté de s'approprier des titres qui lui étaient étrangers. J'avais été touchée au cœur par *SOS d'un terrien en détresse*, je fus impressionnée par *Et maintenant*, de Gilbert Bécaud. Une semaine plus tôt, Grégory ne connaissait pas spécialement cette chanson. Il ne l'avait écoutée attentivement qu'une fois… dans mon ventre, car j'étais enceinte de lui l'année où j'avais vu Bécaud en concert ! Au début, il n'avait pas compris pourquoi Matthieu Gonet lui avait choisi cette chanson pour la finale. Il pensait qu'elle ne le mettrait pas assez en valeur, aurait préféré qu'on lui donne du Céline Dion, qui lui avait toujours porté bonheur dans les rendez-vous importants. Finalement, il avait fait confiance à Matthieu, et avait été merveilleux. Les pieds solidement ancrés dans le sol, comme le lui avait appris des années auparavant sa prof de chant Françoise Wisner, le regard profond et droit, il avait exploré toute une palette de sentiments, tour à tour fragile, déterminé, désabusé ou rageur. Fidèle à lui-même, il avait puisé en lui toutes ces émotions.

*
* *

Remporter la Star Academy n'a pas changé notre fils. Après sa victoire, nous étions autour de lui avec Pierre et Leslie, enfin réunis, dans la suite du Royal Monceau où la production l'avait logé. À quatre heures du matin, tout d'un coup, il nous a regardés : « Au fait, on a gagné un million ! » Il venait de réaliser. Et il est aussitôt passé à autre chose. Seul comptait ce disque qu'il allait enfin pouvoir enregistrer.

Quand nous avons quitté ce palace, une bonne partie du personnel s'est alignée dans le hall d'entrée pour dire au revoir à Greg. Je crois qu'ils aimaient bien ce gamin qui ne se prenait pas pour une star hollywoodienne. Pierre s'est garé devant la porte, à côté de Mercedes rutilantes. Lui, était venu en camionnette ! Il fallait bien ça pour rapporter en Savoie la montagne de valises, les cadeaux, les sacs de lettres, le vélo d'entraînement… Devant ce contraste saisissant, le personnel était hilare.

Nous sommes des gens simples, et Grégory n'a jamais eu l'âme d'un flambeur. Il n'a pas dilapidé son million d'euros. Il avait bien compris qu'il n'avait pas gagné au Loto, que les impôts allaient en récupérer environ quarante pour cent et, surtout, que ce n'était qu'une avance sur recettes. Ce qui veut dire qu'il devrait la rembourser par le fruit de son travail, par son pourcentage d'interprète sur les ventes de disques à venir, et donc qu'il risquait de ne plus rien toucher avant très longtemps.

Il se fit quand même plaisir en s'achetant une voiture et un téléphone portable, ses deux grandes faiblesses. Greg adorait conduire, et passait l'essentiel de la journée accroché à son téléphone. Il frisait d'ailleurs parfois l'impolitesse, capable de vous parler les yeux dans les yeux tout en envoyant frénétiquement des SMS à ses amis ou à son père. Ils faisaient même des concours, tous les deux ! Pierre lui dictait des phrases, et Greg devait taper le SMS en simultané sans regarder son clavier. Il lui est aussi arrivé d'envoyer des textos alors qu'il était en rendez-vous. Je n'ai jamais supporté cette addiction !

À part cela, il ne s'est pas rué dans les bijouteries de la place Vendôme pour s'offrir une montre, ni dans les magasins de la rue Saint-Honoré pour se refaire une garde-robe chic, et n'a pas davantage passé ses soirées à écumer les endroits « people ». Ça, de toute façon, ça lui était interdit. Il aurait parfois aimé s'y rendre, pour s'ouvrir à d'autres rencontres, mais le tabac n'avait pas encore été prohibé dans les lieux publics, et il avait du mal à respirer. Quand il devait participer à une émission de télévision, je dois dire que tout le monde avait la gentillesse d'éviter de fumer dans les coulisses. Sinon, il restait enfermé dans sa loge jusqu'à ce que ce soit son tour de chanter. La plupart du temps, Olivier faisait « la police » pour éviter tout désagrément. Souvent, les gens comprenaient. Parfois, il tombait sur un sinistre con.

Un jour à midi, par exemple, dans un restaurant presque vide, un homme a allumé une cigarette à quelques mètres de Grégory. Olivier a commencé à râler sur sa chaise, mais Greg ne voulait pas se faire remarquer. Olivier s'est quand même levé, et est allé demander gentiment à ce monsieur s'il pouvait s'abstenir quelques minutes. Réponse : « J'en ai rien à foutre, de Grégory Lemarchal ! » Et il a continué à tirer sur sa clope. Merci, monsieur. Vraiment, nous sommes heureux pour tous les « mucos » que cette loi anti-tabac ait enfin vu le jour.

Greg a également acheté un petit appartement, avec une partie de ses gains et un crédit immobilier. Nous avons dû nous porter caution pour lui, aucune compagnie ne voulant assurer quelqu'un atteint de mucoviscidose. Décidément, en France, les personnes malades n'ont le droit de faire aucun projet. Quoi qu'il en soit, Greg voulait quitter Paris, trop pollué à son goût, et s'était trouvé un deux-pièces de soixante mètres carrés au Pecq, dans la banlieue ouest. Ce n'était pas luxueux, mais il avait un petit balcon et de grandes baies vitrées, sans vis-à-vis, qui lui donnaient l'impression d'avoir plus d'air. Et puis, comme avant, il n'a eu de cesse que de faire plaisir à ses proches. Il adorait offrir des moments de partage, pas des biens matériels. Il aurait eu l'impression d'acheter les gens. Alors il payait les soirées au restaurant, des sorties, et même des vacances.

Ainsi, à l'été 2005, il a tenu à louer une grande maison au bord de la mer pour rassembler sa famille et ses amis. Comme il trouvait le climat de la Méditerranée trop chaud à cette saison, nous nous sommes retrouvés une vingtaine sur l'île de Ré. Ce sont des souvenirs extraordinaires, sûrement les plus belles vacances que nous ayons passées. D'ailleurs, l'année suivante, Grégory a réinvité tout le monde. Je repense souvent à ces beaux moments de complicité, à nos fous rires, je me dis que j'ai eu de la chance de les avoir vécus. Greg était en pleine forme. Dans cette maison de l'île de Ré, je l'ai vu s'amuser, insouciant, faire du sport, se détendre, lui qui depuis toujours était une pile électrique. S'asseoir tranquillement pour lire, par exemple, était inimaginable. À part, bien sûr, s'il s'agissait d'un bon roman policier ou d'une bande dessinée. Petit, quand nous partions avec lui faire du tourisme, il était impossible de l'emmener visiter tel monument ou tel site archéologique. Tout ce qu'il voulait, c'était jouer au tennis ou nager. Ne rien faire plus de quelques jours a toujours été au-dessus de ses forces. Ne rien faire, c'était laisser la mucoviscidose envahir à nouveau ses pensées et reprendre l'avantage. Ne rien faire, c'était comme inviter son pire ennemi à sa table.

Greg avait une façon bien particulière d'évacuer les tensions, les petits coups de déprime et les grandes inquiétudes. Il « faisait le con ». Tout le temps. Il pouvait faire preuve de la plus grande maturité et, l'instant d'après, jouer les « sales gosses ». À la maison, mais aussi dans le cadre de son travail. Avec Olivier, ils multipliaient les concours de grimaces dans des lieux publics et d'insultes par SMS, ou feignaient de s'engueuler comme des poissonniers sur les plateaux télé pour voir la réaction des autres. Avec Laetitia, sa maquilleuse, il adorait hurler dans son téléphone pour faire peur aux gens. Avec Philippe Warrin, son éternel complice photographe, les séances de pose pouvaient rapidement virer au burlesque… Nous n'étions pas dupes, et lui non plus. Ce besoin irrépressible de faire le clown, s'il était certes dans sa nature, était aussi une conséquence du mal qui l'accompagnait en permanence. Forcément, il avait peur du lendemain. Les pitreries, les loufoqueries et le rire en prime étaient sa seule échappatoire.

Ses amis connaissaient parfaitement cette fantaisie débridée, et n'étaient pas les derniers à le suivre. Avec eux, Grégory se lâchait complètement. Un petit groupe s'était formé autour de lui et de Fabien. Fabien, c'est son copain d'enfance, celui avec qui il jouait au foot pendant des heures au fond de l'impasse, à Barby ; celui qui nous accompagnait sur le *prime* de la Star Ac' dès que c'était possible ; celui, aussi, qui lui avait fait la surprise de venir au château pour la journée entre amis organisée par la production. Fabien, c'était son pote.

Greg s'est souvent comporté comme le meneur de cette bande. Il était toujours partant, voulait tout organiser. Même les plus âgés attendaient un peu de savoir quelles seraient ses propositions. Et voilà qu'en revenant de la Star Academy, à part Fabien qui le connaissait parfaitement, Greg s'aperçoit que ses copains ont quasiment disparu ! Il était passé du « mauvais » côté de la télévision, était devenu un « autre » Grégory. Et puis ils l'avaient vu en direct nouer de nouvelles amitiés, amplifiées par le pouvoir des images. Quand Greg a compris qu'il y avait désormais inconsciemment une barrière entre eux, il s'est mis en colère et a décidé « d'organiser une réunion » pour mettre les choses au point.

– Qu'est-ce qui vous prend ? Ça va pas bien ? J'ai pas changé ! Oh, c'est moi, c'est Grégory !

C'était tellement drôle… mais efficace ! Notre vieille bâtisse est redevenue la maison du bon Dieu ! Et quand ils ne se retrouvaient pas chez nous, Greg partait rejoindre ses potes pour une sacro-sainte séance de cinéma ou une partie de poker. Il craignait par-dessus tout qu'ils puissent penser qu'il avait attrapé la grosse tête. Entre eux, les choses devaient être dites. Grégory avait horreur du mensonge – lui-même était incapable de me raconter des histoires plus d'une demi-heure avant d'avouer avoir fait une bêtise. Ses amis étaient plus importants que tout. Quand quelqu'un faisait quelque chose de mal, il en était profondément blessé. Mais il était capable de trouver des circonstances atténuantes, de donner une deuxième chance. Je ne l'ai jamais entendu médire de quelqu'un. Je l'admire pour cela. Moi, je n'ai pas cette grandeur d'âme. Finalement, à une ou deux exceptions près, Greg a toujours fini par discerner ceux qui l'aimaient vraiment de ceux qui le fréquentaient par intérêt.

Qu'on se rassure, mon fils n'était pas un saint. Grégory avait ses défauts. Il ne supportait pas les gens en retard alors que lui-même n'était pas le roi de la ponctualité, il n'était pas non plus le roi du ménage, il laissait traîner ses affaires partout, avait horreur de faire les courses, il a dû préparer un vrai repas tout seul trois fois dans sa vie, et il adorait se faire servir. Tout ce que des parents normaux peuvent trouver insupportable chez leur enfant. D'ailleurs, Pierre l'engueulait parfois. En bonne mère poule, je criais aussi…

mais pour le défendre : « C'est pas sa faute ! » Je lui passais tout, je pouvais lui cuisiner un de ses cakes préférés à minuit s'il me le demandait – et il me le demandait ! J'estimais qu'il avait suffisamment d'efforts à fournir pour lutter contre la mucoviscidose. Peut-être en a-t-il abusé, et après ? Il le faisait avec tellement d'amour… Je n'étais d'ailleurs pas la seule à craquer devant ses yeux de cocker, j'ai vu par exemple Leslie ou Laetitia sa maquilleuse lui faire un massage du crâne pour le détendre chaque fois qu'il en avait envie…

Il pouvait aussi se montrer très colérique. Toujours pour des broutilles. Dès que c'était important, au contraire, il se maîtrisait parfaitement. Mais quand l'OM perdait un match, il valait mieux tout planquer dans la maison. Lui-même détestait perdre, c'était un compétiteur. Un jour, il a cassé je ne sais combien de manettes de la Playstation de Fabien en les jetant, de rage, à travers la pièce. Puis il lui en a rapporté quatre pour les remplacer… Je me rappelle aussi qu'Alexandre Delpérier l'avait invité dans son émission de radio, sur RMC à l'époque, pour participer à un quiz sur le sport en général. En une minute trente, il fallait donner le maximum de bonnes réponses. Comme Greg a toujours eu une très bonne mémoire, qu'il aimait le sport et apprenait vite, il a établi le record de l'épreuve et en était plutôt fier. Seulement, la semaine suivante, Thierry Gilardi l'a dépassé… d'un point. Greg était fou, il a harcelé Alexandre pour être invité de nouveau. Mais il n'a pas réussi à battre Gilardi, qu'il admirait beaucoup, et dont parler de sport était quand même le métier !

Il s'emportait vite, alors qu'au fond il n'y avait pas plus gentil que lui. Ce comportement le rendait même un peu malheureux. En était-il vraiment responsable ? Le sommeil haché par les quintes de toux et la prise régulière de cortisone pour se soigner finissaient forcément par lui taper sur les nerfs. Il pouvait se chamailler avec son père, Pierre savait que ce n'était pas bien grave. Sauf une fois, peut-être…

En novembre 2005, Greg part à Montréal pour tourner le clip d'*À corps perdu*, cette chanson qu'il aime tant. À l'hôtel, Pierre se rend compte qu'il a oublié les médicaments indispensables aux aérosols de son fils. Hurlements, Pierre s'excuse, Olivier rappelle à Greg qu'il est un grand garçon et qu'il peut lui aussi penser à ses médicaments, tout le monde se calme… Ambiance. Évidemment, ces produits très spécifiques ne courent pas les rues, et ils ne connaissent pas de médecin au Canada. En plus, le planning est serré et le tournage doit commencer l'après-midi même. Quoi qu'il en soit, Greg ne peut pas se passer de ses aérosols. S'ils ne trouvent pas de solution, ils devront annuler le clip et reprendre le premier avion pour Paris, le soir même. Olivier appelle un ami de Montréal, qui lui-même connaît un chirurgien de l'Hôtel-Dieu de cette ville. Malheureusement, ce dernier participe à un colloque à San Francisco. Il propose tout de même d'essayer d'obtenir un rendez-vous en urgence à l'hôpital… De coup de fil en coup de fil, Pierre se présente donc finalement au service de pneumologie de l'Hôtel-Dieu, devant un médecin qui accepte de lui prescrire les médicaments demandés. En fait, il connaissait Grégory Lemarchal de nom. Nous nous sommes alors aperçus que son histoire avait trouvé un large écho chez les personnes atteintes de mucoviscidose, et ce, bien au-delà de nos frontières.

*
* *

L'aventure Star Academy a apporté quelque chose d'essentiel à Grégory : en étant éloigné aussi longtemps de sa famille qui l'entourait et le protégeait, il avait dû apprendre à se gérer tout seul ou presque. Et il avait découvert que c'était possible, que la seule volonté pouvait repousser la mucoviscidose. Il était entré à la Star Ac' pour réaliser un rêve qui n'appartenait qu'à lui. En en sortant, il avait compris qu'il pouvait être perçu comme un exemple à suivre par les jeunes et les adultes souffrant de cette maladie.

Évidemment, tous les « mucos » ne se sont peut-être pas reconnus en Grégory, tous n'ont peut-être pas été marqués par son parcours, mais certains l'ont été profondément. Ainsi, cet enfant hospitalisé qui ne buvait pas assez au grand désespoir de ses soignants et qui, parce qu'il avait vu Greg à la télé se promener en permanence avec une bouteille d'eau à la main, avait fini par admettre l'importance pour son corps de s'hydrater.

Beaucoup, surtout, ont voulu lui parler et partager leur expérience. Souvent, Greg leur disait :

– Regarde, c'est possible. Bouge-toi, tu peux le faire ! N'attends pas qu'on vienne à toi !

En général, ils évitaient les contacts directs pour ne pas risquer de se transmettre des germes infectieux, à moins de se protéger d'un masque. Ça chagrinait Grégory, mais il savait que c'était nécessaire.

En 2005, la tournée Star Ac' passe par Lyon. Greg va saluer ses fans agglutinés derrières les barrières, quand un monsieur lui tend sa petite fille : « Embrasse-la, elle t'adore ! » Grégory s'exécute de bon cœur, et le père lui dit tout sourire : « Elle a la muco, comme toi ! » Greg a pété les plombs.

– Mais enfin, monsieur, vous êtes inconscient ! Vous ne savez pas qu'on ne peut pas s'embrasser entre « mucos » ! Vous n'avez pas peur que votre fille…

– Non, non, c'est pas grave, ça lui fait plaisir !

Aujourd'hui, c'est Pierre et moi qui rencontrons tous ces patients, qui perpétuons le message de Grégory. Nous sommes souvent confrontés à des adolescents en phase de rébellion, qui ne veulent plus se soumettre à la contrainte des soins quotidiens. Dans ces cas-là, je leur raconte…

Grégory aussi, dès quinze ou seize ans, en a eu marre. Il voyait ses copains jouer sans lui, bloqué à la maison pour faire ses soins ou ses cures d'antibiotiques. C'est vrai, ce n'est pas drôle d'être sous perfusion pendant une heure, deux ou trois fois dans la journée, parfois dès cinq heures trente du matin, pendant quinze jours. Grégory n'acceptait plus de faire ses cures que quand il y était acculé. Les séances de kiné aussi lui pesaient, surtout quand il avait l'impression d'aller mieux. C'était une source de conflits permanente. Je le harcelais :

– Titi, tu as pris tes médicaments ? Tu as fait tes aérosols ? À quelle heure vient le kiné ? Il subissait sa vie. Un jour, son médecin l'a pris entre quatre yeux.

– Grégory, c'est pas la muco qui décide ! C'est toi qui vas prendre le pouvoir et décider quand tu dois faire des cures !

Non, ce n'est pas la muco qui décide. D'ailleurs, on dit familièrement « la muco » comme si c'était une amie, alors que c'est une ennemie qui s'est infiltrée dans votre quotidien. Greg a fini par comprendre qu'il ne devait pas baisser la garde un seul jour. Quand il a su qu'il allait participer à la Star Academy, il m'a remerciée de ne pas l'avoir lâché : « Maman, qu'est-ce que j'ai été con à cette époque ».

Oui, la vie a un prix, celui de l'effort. Souvent, ces ados sont rassurés de découvrir que Grégory a lui aussi traversé ces périodes de doute, mais a réagi. J'espère toujours qu'ils s'en inspireront.

Parfois, nous recevons sur le site de l'Association Grégory Lemarchal d'autres témoignages. Récemment encore, j'ai pu lire l'histoire d'une ado de seize ans qui racontait qu'elle avait mûri grâce à Grégory, et qu'elle se sentait toujours en décalage avec ses camarades d'école. Comme mon fils, en somme. Cette maturité précoce est fréquente chez les personnes atteintes de mucoviscidose. Je repense également à cette gamine de douze ans en attente de greffe qui m'expliquait posément, avec des yeux pétillants et un sourire jusqu'aux oreilles, qu'elle avait beaucoup de chance, parce qu'elle était très entourée par sa famille et qu'elle n'avait pas de problème de scolarité. Elle rayonnait de positivisme, alors que le mal était bien présent. Une vraie leçon pour nous : on n'a pas le droit de se plaindre des petits bobos de la vie quand on se trouve face à tant d'humanité.

*
* *

Humanité. Voilà, je l'ai dit. Ce mot résume à lui seul ce que m'inspire Grégory. Ce mot, je l'ai beaucoup entendu, beaucoup lu à son sujet après le 30 avril 2007. Je pense que c'est aussi parce que c'est ce qui le caractérisait le mieux qu'il y a eu autant de monde à ses obsèques, le 3 mai. Pierre avait raison, l'église de Sonnaz aurait été trop petite pour accueillir les quelques milliers de personnes qui ont fait le déplacement. Heureusement, nous avions pu compter sur l'aide des maires de Sonnaz et de Chambéry, et pu faire célébrer l'office dans la cathédrale de cette ville.

Auparavant, nous sommes allés y rencontrer le père Brunetti, qui remplaçait le père officiant habituellement, parti en voyage humanitaire. Cet homme m'a définitivement réconciliée avec l'Église. Très à l'écoute, il m'a demandé de lui parler de Grégory. Il voulait tout savoir de son histoire, il posait les bonnes questions. En lui répondant, mes larmes coulaient, et je voyais que les siennes n'étaient pas loin. J'ai su qu'il avait ensuite surfé sur Internet pour bien comprendre comment Greg était perçu, pour mieux le connaître. Je crois qu'il redoutait une connotation show-biz à cette célébration, qu'il avait peur que les gens ne soient pas tous là pour de bonnes raisons. Il m'a dit, plus tard, lors d'une de nos nombreuses discussions, qu'il avait en réalité été agréablement surpris par la forte communion d'esprit, et assez fâché de constater que la presse « intello » n'avait consacré qu'un entrefilet à la disparition de Grégory. Pour lui, *ils* n'avaient pas pris la peine d'essayer de comprendre qui il était et ce qu'il représentait pour beaucoup.

Le père Brunetti est néanmoins venu me trouver un jour, très ennuyé. En consultant différents blogs et les cahiers laissés à la disposition du public dans la cathédrale, il avait découvert que les fans de Grégory n'étaient pas en colère, comme c'est souvent le cas lorsque la mort vient faucher un être encore jeune, mais qu'ils étaient intimement persuadés que Greg était encore là, vivant, quelque part. Or, à cette certitude, le nom de Dieu n'était associé que rarement, et celui de Jésus jamais. Comme si la mort n'était devenue qu'une autre dimension, parfaitement laïcisée. Ce qui l'interpellait encore davantage, lui, l'homme d'Église, c'est qu'on ne cessait d'évoquer mon fils comme étant un ange ayant une mission à accomplir.

– Laurence, vous n'allez pas être contente. Je dois vous le dire : Grégory n'est pas un ange…

– Pourquoi voulez-vous que je sois fâchée ? Je suis d'accord avec vous. Grégory a été qualifié d'ange pour ce qu'il dégageait sur scène et pour la pureté de sa voix, surtout après son interprétation de *SOS d'un terrien en détresse*, mais mon fils est bien un humain comme un autre.

Je ne lui ai pas demandé ce qu'il en pensait, mais je crois sincèrement que, sans nécessairement être un ange, chacun de nous a quelque chose à apporter sur cette Terre…

Moi-même, j'ai vécu cette messe comme dans une bulle hors du temps, avec cette impression étrange d'être là sans y être, d'être spectatrice de choses que pourtant je vivais. Je sais qu'elle fut très belle, chargée d'émotion, simple. À l'image de Grégory. Je n'ai pas assez de mots pour remercier cette foule d'anonymes, d'amis, d'artistes, de proches de Grégory chez Universal et à TF1, venus lui dire au revoir et entourer d'affection notre famille. Une image, forte, me revient. Celle de la chanteuse Lucie Silvas, venue de Londres de son propre chef, arrivant à la cathédrale seule, un sac à dos sur l'épaule, sans avoir prévenu quiconque, pas même sa maison de disques. Elle n'avait rencontré Grégory que quelques fois, pour le tournage du clip de leur duo *Même si*, afin d'en assurer la promotion puis de le chanter à L'Olympia avec lui. On n'a pas besoin de parler la même langue pour se connaître. Et on n'avait pas besoin de beaucoup connaître Grégory pour l'aimer.

*
* *

L'entente avec Lucie Silvas avait été flagrante, notamment à L'Olympia, mais avec nous, Greg ne s'étendait jamais sur ses rencontres artistiques. Je ne suis pas sûre qu'il l'ait davantage fait avec ses amis, d'ailleurs. On est pourtant toujours un peu curieux de savoir comment est réellement untel ou untel, non ? Il répondait invariablement : « Ben, il est sympa ». Pour lui, c'était juste des êtres humains, qu'en dire de plus ? Certains ont tout de même été importants pour lui, et donc pour nous. D'après les témoignages qu'ils ont eu la gentillesse de nous donner depuis le 30 avril, je crois pouvoir dire que Grégory les a, eux aussi, séduits par sa simplicité. Des mots qu'une mère aime entendre…

Patrick Fiori est le premier qu'il ait rencontré. C'était avant la Star Academy, Greg n'était encore qu'un jeune garçon plein d'espoir qui cherchait désespérément à faire de la chanson son métier. Il avait envoyé une maquette à Patrick, qui l'avait reçu chez lui pour travailler un peu. Ils se téléphonaient régulièrement, et c'est à lui que Greg a demandé s'il avait raison ou non de participer à la Star Ac'. La réponse de Patrick fut immédiate : « Bien sûr que tu dois y aller, tu n'as rien à perdre ! Tu la fais, mais tu la gagnes ! » Ils étaient devenus amis, vraiment amis. Ironie du sort, Patrick et Greg n'ont jamais chanté ensemble pendant l'émission. Ils se sont rattrapés après, notamment en trio avec Tina Arena sur *SOS*, mais surtout à l'occasion d'un concert de Patrick pour Chérie FM, à Bordeaux, où ils ont formé un merveilleux duo sur *Sans bruit*. Patrick ne tarissait pas d'éloges sur les qualités de Grégory. Dans une interview à un magazine, il a même déclaré : « Ça pourra paraître idiot à vos lecteurs, mais pour moi Grégory était du calibre de Balavoine ou Brel. Son interprétation était exemplaire. Il savait canaliser sa puissance et donner du velours à l'émotion. Je n'ai aucun doute sur le fait qu'il aurait eu une grande carrière internationale. »

Hélène Ségara aussi fut une belle rencontre, sur le plateau de la Star Ac'. La première fois, ils ont chanté en duo *Vivo per lei*. Ce vendredi-là, Grégory n'était pas très en forme, Hélène a aussitôt appelé à la rescousse l'étiopathe qui s'occupait d'elle, Stéphane, celui qui devait ensuite faire tellement de bien à Greg… Hélène est constamment restée en contact avec notre fils. Ils communiquaient par SMS, elle l'a invité à chanter avec elle deux fois en public et l'a espéré, jusqu'au bout, pour son concert sur la scène du Palais des sports de Paris en avril 2007. Mais Grégory avait déjà été admis à l'hôpital Foch, en attente de greffe.

Avec Nolwenn, à force de la croiser sur les plateaux ou dans leur maison de disques commune, il a partagé beaucoup de choses, dont un merveilleux *Hymne à l'amour*. Grégory l'a par la suite conviée à chanter avec lui *Même si*, à L'Olympia. Fred Renaudin, le directeur musical de sa tournée, était aussi le pianiste attitré de Nolwenn. Greg appréciait l'immense gentillesse de Nolwenn, son grand cœur. Discrète, elle s'implique beaucoup dans la vie associative, je crois même qu'elle est la « marraine » d'une petite fille atteinte de mucoviscidose.

Tout le monde a l'air de penser que les artistes sont tous copains dans la vie, puisqu'ils se croisent fréquemment dans les émissions de télé. C'est loin d'être le cas. La plupart du temps, ils sont chacun dans leur loge à attendre leur tour de chanter, parfois en play-back pour rassurer la maison de disques stressée par l'enjeu, et repartent sitôt que c'est fait. Pierre m'a souvent raconté la frustration de Grégory quand il a découvert comment tout cela marchait. Ça manquait un peu de chaleur et de discussions à son goût. Lui, quand il aimait bien une personne, il voulait la revoir. Les occasions étaient plus rares qu'il n'y paraît.

L'une de ses plus belles expériences reste l'enregistrement à Florence, pendant trois jours, de l'émission *Dolce Italia*, présentée par Daniela Lumbroso. Peu de temps après son arrivée à l'hôtel, Grégory entend la voix de Marc Lavoine dans le hall :

– Bon, il est où le petit qui vient de gagner la Star Academy ? On va s'en occuper ! Il fait partie de la tribu Mercury maintenant…

Ils se sont bien trouvés, tous les deux. Marc est d'une générosité incroyable, je ne l'ai jamais entendu dire du mal de personne et, cerise sur le gâteau, il est doté d'un humour redoutable. Avec Grégory, ils se vannaient sans cesse.

Le soir même, il faisait chaud, Greg était sur une terrasse avec Marc, Jenifer et Patrick Fiori, à parler de tout et de rien, quand Lara Fabian, elle aussi présente pour cette émission, a demandé si elle pouvait discuter avec lui. Ils sont partis plus d'une heure et demie. On ne sait pas ce qu'ils ont bien pu se dire, mais Greg a été marqué par cette entrevue, qu'il décrivait comme « un moment vrai », un échange plus spirituel qu'artistique.

Une autre discussion lui est restée en mémoire, avec Liane Foly cette fois. Elle avait déjà été très gentille avec Grégory pendant la Star Ac', mais c'est lors d'une autre émission qu'elle est venue le voir dans sa loge pour lui donner un précieux conseil :

– Tu sais, tu as une superbe voix, mais ce n'est pas pour autant que tu vas tout de suite arriver au sommet. Il faut du temps, et en plus, généralement, les belles voix connaissent un creux dans leur carrière. Mais les vrais chanteurs à voix, et tu en es un, finissent toujours par remonter. Dans le creux, c'est là qu'il faut que tu travailles encore davantage.

Ils se sont recroisés à Bruxelles, en 2006, pour chanter ensemble *Écris l'histoire*. L'association Make a wish, qui réalise les rêves d'enfants malades et dont Liane était marraine cette année-là, avait sollicité Grégory. Grâce à cette association, il avait quelques mois plus tôt fait la connaissance de plusieurs enfants et avait pu réaliser le rêve d'une jeune fille atteinte de mucoviscidose : passer un moment avec Grégory Lemarchal. Aurélie avait quatorze ans à l'époque, et n'était pas au mieux. Aujourd'hui, elle a été greffée et se porte bien. Pierre l'a régulièrement au téléphone. Au mois d'avril dernier, nous lui avons proposé de participer à un film documentaire destiné à sensibiliser au don d'organes en montrant cette nouvelle vie que chacun de nous peut offrir. Avec cinq autres personnes greffées récemment, comme elle, Aurélie est partie une semaine faire une randonnée en Irlande, chose relativement banale pour la plupart des gens, mais véritable défi pour elles, qui avaient déjà frôlé la mort[1].

Ce n'est pas un hasard, Grégory a souvent été sensible à ceux qui, comme lui, luttaient pour la vie. En 2005, grâce à Pascal Olmeta qui l'avait invité en Corse à participer à son tournoi de beach soccer au profit de son association

1 *N.D.A. : Ce livre a été écrit en 2009. Trois ans plus tard, nous apprenions avec une infinie tristesse que la mucoviscidose avait emporté Aurélie à l'aube de ses 20 ans. Son sourire, sa joie de vivre, sa force nous accompagnent toujours. Elle est inoubliable, et à jamais dans nos cœurs. Nous pensons fort à sa maman Marie-France et à son frère Cédric.*

– Un sourire, un espoir pour la vie –, il a eu la chance de croiser la route de Marie-Jo, quarante-quatre ans, atteinte de myopathie, en fauteuil roulant, un tout petit corps et un cœur énorme. Sa force de caractère hors du commun a complètement retourné notre fils.

Nous sommes revenus en Corse avec Pierre, l'année dernière. Marie-Jo avait réussi à monter un spectacle au profit de notre association. Pierre, qui a chanté avec elle, n'est pas près de l'oublier. Quant à Pascal Olmeta, il sait à quel point nous lui sommes reconnaissants pour ce qu'il a apporté à Grégory et ce qu'il continue de nous donner.

En revanche, je réalise, en décrivant toutes ces rencontres, que Greg se montrait souvent peu impressionné par les gens célèbres. Lors de ce fameux beach soccer à Bastia, Pierre s'est retrouvé au restaurant avec d'autres invités à attendre Grégory, qui devait sûrement refaire sa coiffure pour la cinquantième fois devant sa glace. Par SMS, Pierre a demandé à son fils de se dépêcher et l'a prévenu : « Fais attention quand tu descends, à notre table il y a Stéphanie de Monaco ». Réponse instantanée de mon idiot de fils : « C'est pas grave. Dis-lui qu'il y a aussi Pierre et Grégory de Chambéry ! »

Contrairement à nous, même déjeuner avec le Premier ministre n'avait pas réussi à stresser Grégory. En décembre 2005, Mme de Villepin lui avait demandé via Universal s'il voulait bien chanter bénévolement pour des enfants, à l'opéra Garnier, à l'occasion de l'arbre de noël de Matignon. Fort gentiment, elle l'avait également invité à déjeuner avec nous, en petit comité, le jour même. Nous voilà donc reçus dans un salon de l'hôtel Matignon quand nous voyons passer Dominique de Villepin de retour de son footing : « Bonjour, merci d'être venus. Je prends une douche et j'arrive… » Ce fut un déjeuner très convivial, tout en contraste avec les festivités officielles de l'après-midi, à l'Opéra. Dominique de Villepin, si décontracté à l'heure du déjeuner, avait réendossé le costume de Premier ministre de la France. Là, Grégory était impressionné…

*
* *

Sur l'album posthume *La Voix d'un ange*, sorti en juin 2007, figure la chanson inédite *Restons amis*. Nous avons souhaité que ce titre soit soutenu en télé par un clip. Quand on nous a annoncé qu'il serait filmé au Canada, Pierre et moi avons demandé que l'équipe réunisse les acteurs locaux qui, trois ans plus tôt, avaient participé avec Grégory au tournage d'*À corps perdu*. L'idée était de mettre en scène des retrouvailles, quelques années plus tard, après la disparition de Greg. Restons amis… La production n'a pu réunir que deux des quatre protagonistes du départ, les deux filles, Jessica et Julie. Olivier nous a raconté l'atmosphère particulière, l'émotion, ce mélange de gravité et de joie qui ont habité le plateau pendant deux jours. Il nous a aussi raconté qu'en arrivant, Jessica avait sorti de son sac une photo personnelle. On peut l'y voir, souriante, au côté de Grégory. Souvenir de tournage. Souvenir tout court. Personne ne lui avait rien demandé, ce petit Français farceur l'avait marquée. Elle avait suivi son parcours, de l'autre côté de l'Atlantique. Grégory ne laissait jamais personne indifférent.

Tu me rends plus fort

J'ai besoin de voir en toi
L'infini secret qu'il y a en moi
J'ai besoin de ta sagesse
Posée sur moi comme une caresse

J'ai besoin de ta patience
Et quelquefois de tes errances
J'ai besoin de lire nos pages
Là devant moi, pleines d'images

Par la douceur de ton âme
Tu me rends plus fort
Au-delà de ton charme
Tu guideras mon sort

La beauté de nos enfants
Éblouira notre destin
Ils grandiront au fil du temps
On ne formera plus qu'un…

Grégory Lemarchal

Grégory me manque. Physiquement. Je ne peux plus le toucher, l'embrasser, le regarder. Je sais qu'il ne reviendra pas. Je porte cette réalité implacable comme une enclume sur mon ventre. Pourtant, même aux heures les plus difficiles, quand mes pensées s'assombrissent, que je n'arrive pas à dormir ou que l'énergie me fait défaut pour m'extirper de chez moi, je mesure la chance qui a été la mienne de partager tant d'instants de bonheur avec lui. Rien ne les effacera jamais. J'aurais préféré mille fois, un million de fois, que Grégory n'ait pas cette saloperie dans ses gènes, mais c'est comme ça, il est venu au monde avec. Qu'aurions-nous fait si nous avions su avant sa naissance qu'il était atteint de mucoviscidose ? Je suis bien incapable de répondre à cette question. Je n'ai pas de baguette magique pour changer l'histoire, mais je sais que je ne voudrais pas d'autre fils que Greg. Je souhaite à tous les parents de vivre aussi intensément que nous avons vécu.

J'avais presque vingt-quatre ans quand mon fils est né, et nous avons passé vingt-quatre ans côte à côte, vingt-quatre années durant lesquelles c'est lui qui m'a fait grandir, et non l'inverse. Grégory m'a rendue meilleure. Je ne sais pas ce que nous réservent les années à venir, mais je les aborde prête à poursuivre le combat, grâce à lui, grâce à Leslie et grâce à Pierre, mais surtout grâce à cet amour indescriptible qui nous lie tous les quatre.

Greg nous surnommait « le carré d'as », comme une combinaison parfaite pour affronter la mucoviscidose et lui signifier à qui elle avait affaire. C'est vrai, ensemble, nous sommes toujours plus forts. À l'hôpital Foch de Suresnes, Grégory m'a demandé : « Comment font-ils, maman, ceux qui n'ont pas tout cet amour ? » Il pensait aux autres, à ceux qui n'étaient pas aussi entourés que lui pour supporter les attaques de la maladie. Sans amour, on ne peut pas s'en sortir, l'amour est un ingrédient essentiel à la vie, c'est dans l'amour donné et reçu que l'on trouve ces ressources dont on ne soupçonne même pas l'existence pour faire face aux épreuves.

Grégory est né et a grandi dans une famille unie, où l'on se parle beaucoup, où l'on se nourrit les uns des autres. Il a aussi toujours eu son papa et sa maman, ensemble, pour le soutenir. Ce n'est pas le cas pour tous. Il arrive que l'un des deux parents n'assume pas, consciemment ou non, d'avoir un enfant malade, qu'il souffre de mucoviscidose ou d'autre chose, et que les couples finissent par se séparer. Le nôtre a tenu.

Grégory avait une relation assez différente avec chacun de nous. Il a su trouver un bon équilibre, je crois. Avec moi, il aimait les longues discussions, se prêtait volontiers aux confidences. La relation était fusionnelle, depuis sa plus tendre enfance. Il faut dire que nous avons passé beaucoup de temps, seuls tous les deux. Leslie est née cinq ans après lui, et Pierre a longtemps exercé des métiers qui l'empêchaient d'être physiquement plus souvent à la maison : d'abord militaire de carrière, puis responsable informatique le jour et entraîneur de basket le soir et le week-end. La vie de famille étant pour lui plus importante que tout, il a finalement tout quitté pour se lancer dans l'animation événementielle qui lui laissait plus de temps. Avec Grégory, la complicité était évidente. Ils ont passé des heures et des heures tous les deux, d'abord en pratiquant beaucoup de sports, ensuite en partageant cette passion pour le chant. Pierre, qui avait été formé pour cela, lui assurait aussi régulièrement des séances de kinésithérapie respiratoire supplémentaires. Greg avait besoin de son père, et Pierre était là pour lui. Je pense que notre fils n'aurait jamais autant voulu devenir chanteur sans le modèle de son père sous les yeux. Et jamais il n'aurait pu autant se réaliser sans son aide. En 2005, Pierre a lâché sa vie professionnelle « d'avant » pour se mettre véritablement au service de son fils, pour que Grégory puisse se décharger complètement sur lui et se consacrer uniquement à vivre son rêve. Au quotidien, Pierre l'a rassuré, conseillé, aimé. J'aime voir mon mari raconter cette période de leur vie, anecdote après anecdote, ponctuées par de grands éclats de rire.

La seule chose qui aurait pu empêcher Grégory de vivre l'aventure Star Academy, c'est que Leslie en pâtisse d'une façon ou d'une autre. Il savait, au vu des éditions précédentes de l'émission, que sa médiatisation pouvait affecter sa famille et il s'inquiétait beaucoup de l'impact que cela pourrait avoir sur les études de sa sœur, alors âgée de seize ans. Leslie, qui a toujours très bien travaillé, ne s'est pas laissé perturber, elle n'a pas déçu son grand frère, son modèle, son phare, son héros.

À la fois différents et semblables, ces deux-là se sont toujours témoigné une tendresse profonde. Les relations frère-sœur se construisent peu à peu, ce n'est pas parce qu'on fait partie de la même famille que l'on est obligé de s'aimer. Petits, ils se disputaient, bien sûr, mais jamais méchamment. Ils ont grandi en harmonie. Grégory aimait taquiner sa sœur, et en même temps la protéger. Il était fier d'elle, et notamment de sa réussite scolaire. Plus calme et posée que lui, Leslie vouait à son frère une grande admiration pour la force de son caractère, sa volonté, ses capacités sportives et, plus tard, vocales. Elle voulait par-dessus tout que Greg soit heureux, parce qu'elle l'aimait plus que tout. Il le lui rendait bien, savait faire attention à elle, la valorisait sans cesse. Leslie n'a jamais éprouvé la moindre jalousie à son égard. Elle a très tôt eu l'intelligence de comprendre que si, par la force des choses, je donnais plus de temps à Grégory et me faisais plus de soucis pour lui, mon amour pour elle, en revanche, était tout aussi grand. Pierre et moi nous sommes montrés très vigilants sur ce point. Je sais que des situations similaires peuvent entraîner des tensions dans certaines fratries, j'ai constaté, moi-même, que des mamans pouvaient tout donner à leur enfant souffrant au détriment des autres, sans se rendre compte des dégâts que cela risquait d'engendrer. Mes deux enfants, eux, n'ont pas connu ce type de déchirements. Ils n'ont eu, au contraire, de cesse que de se montrer leur amour réciproque.

*
* *

La vie de Grégory n'aurait sûrement pas été aussi complète et sereine sans la présence près de nous de mes parents, Simone et Roland. Ils habitaient encore Longwy, dans cette Lorraine dont Pierre et moi sommes originaires, quand ma mère a développé un cancer du sein. J'ai dû faire beaucoup de kilomètres pour aller la voir régulièrement… Quand maman est venue à bout de cette saleté de maladie, elle a décidé avec mon père de se rapprocher de nous. En 1994, ils ont vendu leur maison et se sont installés dans un appartement de Challes-les-Eaux, tout à côté de Barby où nous venions d'emménager. Grégory et Leslie adoraient tout autant Lulu et Jacqueline, les parents de Pierre, mais, naturellement, des liens très forts se sont noués avec leur mamie Simone et leur papy Roland, qui s'occupaient d'eux quand Pierre et moi étions pris par nos obligations professionnelles. Ces jours-là, mon père allait les chercher à l'école à midi et les ramenait à Challes-les-Eaux, où ma mère les attendait avec de fameux petits plats. Mes enfants n'ont jamais eu à manger à la cantine. C'était d'ailleurs mieux pour Grégory, qui devait suivre un régime alimentaire particulier. À la fin des cours, mes parents les récupéraient de nouveau et, cette fois, les conduisaient chez nous, où Greg et Leslie pouvaient jouer et faire leurs devoirs en attendant notre retour. Grégory considérait ma mère comme une deuxième maman. Elle était la sagesse incarnée. Mon père, lui, leur offrait des moments plus légers. Il jouait par exemple beaucoup aux cartes avec Greg, et se faisait gronder par sa femme parce qu'il abusait des parties de ping-pong, pas très bonnes pour son cœur.

Nous nous sentions vraiment bien dans cette maison de Barby, avec vue imprenable sur la vallée de Chambéry. C'est aussi là qu'un aspect de la vie de Greg a changé. Grâce aux progrès de l'environnement médical, et notamment au respect des normes d'hygiène, il a pu commencer à suivre ses fastidieuses cures d'antibiotiques à domicile, et non plus à l'hôpital. Psychologiquement, et Dieu sait que le moral est important pour lutter contre la mucoviscidose, ce fut pour lui un soulagement considérable. Grégory a fait la connaissance d'une équipe d'infirmiers formidables. Avec Hervé, Isabelle, Benoît et Myriam, une relation forte est ainsi née.

Pendant les longues heures de perfusion, ils discutaient de tout et de rien, plaisantaient, se racontaient leur vie. Pour Greg, ils étaient, bien plus que des infirmiers, des amis. Tout comme l'était Philippe, le kiné qui s'occupait de lui depuis ses deux ans. Cette amitié, cette affection, ces relations humaines sincères rendaient les soins supportables.

Malgré le confort de notre vie à Barby, nous avons décidé de déménager en 2003. Ma mère était de nouveau la proie d'un cancer. Pierre a suggéré que l'on cherche une grande maison, scindée en deux appartements, pour pouvoir tous nous loger au même endroit tout en préservant notre intimité. De fait, avec les enfants, mes parents passaient autant de temps chez nous que chez eux ! Nous avons immédiatement craqué pour une ancienne ferme à Sonnaz, de l'autre côté de Chambéry, au mois de mars 2004. Cette vieille ferme est remplie de souvenirs. Je revois Greg dans la cuisine avec moi, je l'entends râler devant un match de foot à la télé, toutes les pièces résonnent de ses éclats de rire, je me souviens des grandes tablées d'amis autour de lui. Grégory aimait cet endroit plus que tout. C'était son havre de paix, l'endroit où il venait se ressourcer loin de l'agitation parisienne. Bien que Sonnaz soit hors de leur secteur d'activité, l'équipe d'infirmiers a continué à s'occuper de Greg chaque fois que nécessaire. Ils ont spontanément rajouté son nom à un planning déjà très chargé. Le temps de la cure, ils commençaient leur journée avec Grégory à cinq heures trente du matin, et la finissaient avec lui, de dix-huit à vingt heures. Nous ne les en remercierons jamais assez. Avec eux, l'expression « don de soi » prend tout son sens…

Malgré son courage et sa ténacité, ma mère a fini par succomber à son cancer, le 12 décembre 2005. Nous étions anéantis. Un peu plus d'un mois plus tard, le 21 janvier 2006, sur la scène du Palais des festivals de Cannes, Grégory recevait le NRJ Music Award de la révélation francophone de l'année. Ce trophée, cette reconnaissance du public, qu'il espérait tant avant le début de sa tournée, il le dédiait à sa mamie Simone.

Après le départ de cette grand-mère exceptionnelle, Greg m'a dit :

– Maman, cette maison, tu ne la vendras jamais.

Aujourd'hui, ma mère et Grégory sont partis. Le NRJ Music Award est toujours posé dans le salon de mon père, à Sonnaz. Nous ne vendrons jamais cette ferme. D'ailleurs, depuis le 30 avril 2007, je n'aime pas en partir longtemps. Au bout de huit jours, maximum, il faut que je rentre, comme si on m'y appelait. Moi aussi, c'est là que je puise mon énergie.

*
* *

Grégory a certes reçu beaucoup d'amour de sa famille, mais il manquait au tourbillon de sa vie quelque chose d'essentiel : l'amour d'une femme. Avant la Star Academy, il ne nous a présenté, en tout et pour tout, que trois petites copines. Mon fils n'a jamais été un adolescent séducteur, c'était plutôt un romantique. Il lui a certainement manqué cette confiance en lui débordante qu'affichent en général les jeunes conquérants à cet âge-là. Au contraire, Greg n'était pas très à l'aise avec son corps. Malgré son appétit d'ogre, malgré tous les sports qu'il pratiquait, il gardait une petite corpulence qui le complexait, et même le faisait souffrir. La mucoviscidose ne lui permettant pas d'assimiler facilement les graisses et autres nutriments, il lui était difficile de ressembler à monsieur Muscles. Seuls ses abdominaux formaient une très jolie tablette de chocolat. Avec humour, il disait que c'était grâce aux quintes de toux qui les faisaient travailler tous les jours. Il positivait tout.

En septembre 2005, Grégory avait apparemment retrouvé toute sa confiance. Il nous a confié avoir rencontré quelqu'un. Et de préciser, pour que les choses soient claires dès le départ :

– Et elle est encore plus folle que moi…

Pour lui, il ne pouvait y avoir de plus beau trait de caractère ! Ses yeux pétillaient. C'était la première fois qu'il nous parlait d'une jeune femme avec autant de passion. C'est Laetitia, sa maquilleuse, qui avait joué les entremetteuses avec sa copine Karine Ferri, une animatrice télé.

J'ai fait la connaissance de Karine à la fin du mois de décembre 2005. Greg l'avait invitée à fêter le nouvel an à la maison. Ma tendance « mère poule » m'a d'abord incitée à me montrer plutôt méfiante. Qu'est-ce qu'elle voulait à mon fils, aussi provincial et nature qu'elle semblait parisienne et sophistiquée à la télé ? En plus, je ne peux pas dire que sa participation, un an et demi plus tôt, à l'émission de rencontres « Le Bachelor » sur M6, plaidait à mes yeux en sa faveur. J'aurais dû me souvenir du vieil adage : les apparences sont trompeuses. Greg m'avait pourtant prévenue.

– Fais-moi confiance, maman !

Il avait raison. J'ai appris à la connaître, petit à petit. Surtout, je sais au plus profond de mon âme que Karine est *la* personne sur terre que Grégory devait rencontrer. Elle s'est intéressée au vrai Grégory, celui que peu de gens connaissent. Elle a voulu tout savoir sur la mucoviscidose. Pour la première fois, Greg a raconté à une femme dans le détail le mal qui l'affectait, sans crainte de sa réaction. Et Karine n'a pas pris peur. Fallait-il qu'elle l'aime ! Les gens ne se rendent pas compte de l'amour qu'il faut avoir en soi pour vivre au côté de quelqu'un qui subit à chaque minute les contraintes de cette saloperie. On ne peut pas tricher, il est impossible de faire semblant ! Ils se sont épanouis au contact l'un de l'autre. Immédiatement, ils ont su qu'ils étaient sur la même longueur d'onde. Ils se sont reconnus, ça ne s'explique pas. Ils partageaient les mêmes délires, les mêmes envies, ils s'étaient construits sur les mêmes valeurs fondamentales, sur le sens de la famille, le respect de l'amitié et de la parole donnée. Et puis, tous les deux faisaient preuve d'un caractère, disons, bien trempé ! Greg avait besoin de répondant, il a trouvé en Karine son double, tout ce qu'il attendait d'une femme.

Grégory pouvait se montrer jaloux. Et Karine le lui rendait bien. Mon farceur de mari lui a fait une mauvaise blague, un jour qu'il était avec Greg en Corse pour le tournoi de beach soccer organisé par Pascal Olmeta. En voyant que Grégory était au téléphone avec sa fiancée restée à Paris, il s'est approché de lui et, suffisamment près et suffisamment fort pour qu'elle l'entende, lui a dit une bêtise du genre :

– Dépêche-toi, Greg, nous sommes attendus pour faire des photos sous la tente des mannequins de l'agence Élite…

Karine n'a pas aimé. Du tout. Quand Greg est allé l'accueillir à l'aéroport quelques jours plus tard pour poursuivre ensemble leurs vacances, elle ne trouvait toujours pas ça drôle… En réalité, ils se faisaient entièrement confiance, mais Karine détestait que d'autres puissent rôder autour de son chéri, et Greg réagissait exactement de la même façon. Du haut de leurs vingt-trois ou vingt-quatre ans, ils croquaient leur histoire d'amour à pleines dents et profitaient de la vie en faisant en sorte que, pour eux, celle-ci soit une fête.

La fête à proprement parler, pour Grégory et Karine, consistait souvent à se retrouver, seuls ou avec des amis, pour dîner, discuter ou regarder un DVD. Ils fuyaient systématiquement les soirées people. Il faut croire que les personnalités publiques ont souvent le réflexe naturel de se cacher pour que personne ne vienne gâcher leur bonheur. Mais se cacher ne suffit jamais. Leur idylle a, bien entendu, été découverte. Greg détestait lire les supputations sur son couple dans les magazines. Lui était parfois dépeint comme un petit garçon à sa maman, elle comme une vamp prête à tout. On fantasmait, beaucoup, sur leur relation. Certains s'acharnaient à prétendre qu'elle ne pouvait être vraie. Dans le même temps, les paparazzi cherchaient à prendre le bon cliché. Alors, bien entendu, ils en ont eu assez et décidé d'officialiser leur histoire, en espérant couper l'herbe sous le pied des chasseurs de « scoop ». Lors des vacances sur l'île de Ré, à l'été 2006, ils ont demandé à leur ami Philippe Warrin de réaliser une séance photo et accordé une interview au magazine *Gala*. Ces photos de Philippe sont absolument magnifiques, et leur interview était très belle. Oui, ils s'aimaient. Depuis bientôt un an. Oui, ils avaient des projets. Oui, ils en avaient marre des rumeurs. Ils étaient heureux, tout simplement.

Quelques semaines plus tard, le magazine *Voici* publiait des photos volées de Karine en compagnie d'un homme, dans un jardin public, avec en une le titre « Grégory plaqué ». À l'intérieur, on pouvait y découvrir une double page titrée « Karine Ferri et Grégory, alors ? ». Et en dessous, ce « chapeau », cette petite phrase écrite en gros qui sert à résumer un article, à donner envie de le lire : « Pour la rentrée, elle avait envie de nouveauté. Plutôt qu'un banal manteau, elle a opté pour un fiancé tout beau tout neuf. »

Les légendes des photos sont tout aussi élégantes : « Au printemps dernier, Karine n'avait d'yeux que pour son Grégory. Elle ne l'avait pas encore vu en maillot de bain… »

Et encore…

« Finalement, elle se dit que “un homme, un vrai“, ce n'est pas si mal… »

« En temps normal, les hommes, Karine les aime grands et élancés. Mais bon, elle peut aussi changer d'avis… »

« Avec François, la jolie brune découvre de nouvelles sensations… »

Cet homme, avec qui Karine était censée tromper mon fils, était en fait son patron, et ils venaient juste de déjeuner ensemble…

Grégory a été profondément choqué par la violence de l'attaque. Pas tellement parce qu'on s'en prenait une fois de plus à son couple, mais parce qu'on mettait en cause sa virilité. On lui reprochait, à lui, sa frêle apparence par rapport aux autres hommes. Il avait déjà été puni à la naissance, il devait se battre chaque jour avec la mucoviscidose, voilà qu'on le punissait une nouvelle fois pour quelque chose dont il n'était pas responsable. Cette injustice le révoltait. Il a assigné *Voici* devant le tribunal, mais la mucoviscidose l'a emporté avant que le jugement ne soit rendu. Alors nous avons repris l'action en justice, pour que cette méchanceté gratuite soit tout de même reconnue. Et Grégory a gagné, en décembre 2008. À quoi pensent ces journalistes quand ils écrivent ce genre de choses ? Ils doivent bien se douter du mal qu'ils vont faire, non ? J'essaye aussi de comprendre leurs chefs, qui relisent après eux ces phrases assassines et décident de les publier. Mais je n'y arrive pas.

Heureusement, la passion que se vouaient Grégory et son petit ange n'a pas cédé devant ces agressions répétées. Greg était sûr de ses sentiments. Karine, c'était « la bonne », celle avec qui il voulait poursuivre le chemin. Greg n'était pas un surhomme, il lui arrivait de craquer, de perdre courage, et chaque fois, Karine le remettait sur pied. C'était la plus belle preuve d'amour qu'elle pouvait lui donner. Le texte de *De temps en temps*, écrit par Greg pour elle, semble tout droit sorti de son cœur : « Je me relève sous ton regard / Je fais le rêve d'aller plus loin ».

« Plus loin », c'était continuer la route ensemble.

Grégory écrit aussi dans cette chanson : « Au fond ce que j'attends / C'est voir le bout de nos efforts / Que l'amour soit là, encore ».

Le bout de leurs efforts, le début d'une nouvelle vie aurait dû être marqué par cette greffe de poumons vitale pour Greg. Si leur couple survivait à cette terrible épreuve supplémentaire, plus rien ne pourrait les séparer.

Dans le texte inédit de *Tu me rends plus fort*, Grégory se livre encore davantage : « La beauté de nos enfants / Éblouira notre destin / Ils grandiront au fil du temps / On ne formera plus qu'un… »

Karine et Greg voulaient se marier après la greffe et avaient envie d'un enfant. Bien sûr ils feraient des tests, mais Greg était persuadé que Karine n'était pas porteuse du gène responsable de la mucoviscidose. Ils s'imaginaient déjà avec un petit garçon très brun, comme eux, et pas calme du tout… comme eux ! Heureusement que mon fils n'avait pas que la chanson pour remplir son projet de vie ! Il voulait être papa, ce n'est pas rien ! La mucoviscidose provoquant la stérilité de la quasi-totalité des hommes qui en sont atteints, ils devraient avoir recours à une insémination artificielle. Greg en avait déjà parlé à son médecin pour se renseigner sur les étapes à suivre.

À ceux qui pourraient s'interroger sur l'opportunité de faire un bébé lorsque l'on est atteint d'une telle maladie génétique, je répondrais que mon fils n'envisageait pas de mourir prématurément et donc de laisser un enfant orphelin de père. Avec la greffe, tous les espoirs étaient permis. Or, quand l'espoir vous fait tenir, et la conviction que l'amour est plus fort que tout, on n'a aucune raison de s'empêcher de vivre. Accessoirement, nous pouvons tous mourir demain de manière stupide et imprévisible. Il n'y a pas d'âge « raisonnable » pour mourir. La plupart des gens n'espèrent qu'une chose : pouvoir quitter cette Terre très très vieux, et surtout sans souffrance. Ça se passe assez rarement comme ça, et à force de s'inquiéter de ce jour qui arrivera « le plus tard possible », ils finissent par oublier de profiter de chaque instant qui passe. Les personnes souffrant de mucoviscidose que je connais, elles, ne sont pas obnubilées par leur mort, même si statistiquement il y a bien plus de risques qu'elle les rattrape avant vous et moi. Elles vivent chaque instant. Même dans les moments durs, Grégory ne passait pas une journée sans s'amuser et rire. Quoi qu'il arrive, oui, la vie devait rester une fête. Et avec Karine, cette fête ne devait jamais s'arrêter.

*

* *

Karine mérite bien mieux que les personnes qui m'écrivent parfois pour l'insulter, me dire combien elles sont désolées pour Pierre et moi de devoir assister à la comédie de veuve éplorée de cette Karine Ferri cherchant à profiter de la notoriété de notre « pauvre fils ». Parfois, ces lettres sont écrites par des fans de Grégory. Je peux pardonner leur jalousie à des jeunes filles qui ne savent pas ce qu'elles racontent, mais pas les délires de ceux qui sont censés se comporter en adultes. Évidemment, ces lettres sont toujours anonymes, il n'y a jamais d'adresse pour y répondre. Alors je vais le dire une bonne fois pour toutes, j'espère : arrêtez de gaspiller vos timbres, ce type de courrier atterrit invariablement à sa vraie place, dans ma poubelle.

En fait, je crois que je devrais plaindre ces auteurs anonymes de ne pas connaître Karine comme je la connais. L'année dernière, elle a accepté de se produire à l'Olympia pour le festival « Tout le monde chante », qui lutte contre le cancer en récoltant des fonds et en s'occupant d'enfants malades. Fouler cette scène où son chéri a été si heureux lui a demandé un effort surhumain. Mais elle l'a fait, et en est sortie en larmes, loin des photographes. Voilà comment est ma belle-fille, sous la carapace qu'elle s'oblige à porter pour rester digne. Karine fait définitivement partie de notre famille. Elle nous manque si on ne la voit pas régulièrement. Nos liens sont indestructibles, ils résistent au temps qui passe. Plus que tout, nous souhaitons qu'elle soit heureuse. Elle est trop jeune pour se retirer de la vie. Le jour où elle rencontrera quelqu'un, les mêmes qui l'accusaient de se servir de son intimité pour faire sa promo voudront à tout prix qu'elle raconte son nouvel amour, d'autres dénonceront « sa trahison » vis-à-vis de Grégory, l'accuseront d'avoir « vite oublié » son fiancé, et puis tous passeront à autre chose, ou plutôt à quelqu'un d'autre. Je sais qu'elle surmontera tout ça.

Je sais aussi que Grégory sera toujours présent dans son cœur. Mon fils l'a peut-être changée à jamais, mais lui, c'est certain, est parti définitivement heureux grâce à elle.

Je rêve

Je rêve de gens qui se réveillent
Dans leurs petits nids, qu'ils s'émerveillent
Je rêve de villes non polluées
Afin que l'air puisse circuler

Je rêve d'un ciel bien étoilé
Là où les cons sont nettoyés
Je rêve qu'on puisse changer le temps
Lancé contre le vent

Ça fait du temps
Quand on y pense
Qu'on aimerait tant avoir une chance
De changer des choses
Qu'on nous impose
Afin d'éviter qu'on explose
Ça fait du temps
Qu'on nous embrasse
Avec des mots qui laissent des traces…

Grégory Lemarchal

Grégory était peut-être un rêveur, un idéaliste, mais certainement pas un imbécile. En se lançant dans une carrière artistique, qui plus est en passant par la case Star Academy, il savait les risques auxquels il s'exposait. Forcément, après une telle vitrine médiatique, sa vie privée ne le resterait pas très longtemps. Évidemment, ses chansons, sa voix, ses choix feraient l'objet de critiques plus ou moins sympathiques. Il acceptait tout ça. Mais jamais, jamais il n'avait imaginé devoir se battre avec la mucoviscidose sur un autre terrain : celui des médias.

Pendant qu'il était à la Star Ac', coupé du monde, Greg était même intimement persuadé du contraire, comme il l'avait confié à Milo, vers la fin du mois de novembre. Son professeur d'expression scénique lui demandait, après plus de deux mois de cours et de *prime time* sous l'œil des caméras, ce qu'il estimait avoir réussi, accompli jusque-là. La réponse de mon fils est édifiante. Il lui dit, en substance :

– L'étiquette sur mon front, celle qu'on a dû me mettre dès le début de l'émission, je l'ai enlevée. J'avais dit à mes parents que je faisais l'émission, mais pas juste pour faire de la figuration et dire « coucou, regardez, on peut chanter malgré toutes les merdes que l'on peut avoir dans nos vies ». Je suis ici parce que c'est ma passion, j'ai arrêté les cours pour ça. Je savais que la tâche serait difficile, qu'on dirait « oh, le pauvre petit » par rapport à la maladie. Toute ma vie, je me suis battu – et je pense que c'est pareil pour tous ceux qui sont dans mon cas – pour que justement les gens nous voient tels qu'on est. Or on est comme les autres ! Parfois peut-être même plus forts que les autres. Certains n'arrivent pas à nous voir comme ça. Alors je savais qu'on allait me mettre cette étiquette sur le front, mais je pense qu'aujourd'hui, elle est enlevée.

Mon Greg, si tu avais su…

Le premier journal sur lequel il est tombé en rentrant à la maison, à la fin de l'aventure, est *Télé Star*. Ce jour-là, l'hebdomadaire titre sur toute sa une : « Grégory, l'inquiétude.

Il s'effondre après sa victoire. Tiendra-t-il le coup sur la tournée ? »

Dix jours plus tôt, le lendemain de la finale, un journaliste de ce magazine a effectivement assisté à l'enregistrement de l'émission *« best of »* clôturant cette quatrième saison, pour réaliser une interview « bilan » de Grégory par Nikos. Il a même pu, à cette occasion, nous poser quelques questions, dont celle-ci, édifiante avec le recul : « La presse a beaucoup titré sur sa maladie, ça vous a énervés ? » Pierre et Alexandre, l'attaché de presse de TF1 responsable de la Star Academy, avaient demandé à ce journaliste quelles étaient ses intentions. Il les avait rassurés : qu'ils aient confiance, ça allait bien se passer !

Quand il a lu l'article, Grégory a été révolté par le ton et la mise en scène, dramatiques, choisis pour raconter les événements ! Reportage en coulisses : « 17 h 5. Grégory arrive. Il est pâle et tousse beaucoup ». La suite est de la même veine. Il raconte « la tension », et même « la panique » sur le plateau devant l'état de santé de Grégory, qui ne peut assurer les répétitions, change de morceau au dernier moment, etc. Les pompiers seraient même obligés d'intervenir « pour s'assurer qu'il est capable de faire l'émission ».

À la lecture de tout ceci, on pourrait croire que mon fils était à l'article de la mort, et que nous, ses parents, laissions TF1 et Endemol le mettre en danger. Surtout, cet article disait sans le dire que Greg payait cher tous ses efforts, que la mucoviscidose était en train de reprendre ses droits. Si Greg n'était pas très bien ce soir-là, c'est essentiellement à cause de la fatigue accumulée la dernière semaine devant l'ampleur du show à assurer, et parce qu'il avait attrapé froid au château, comme Lucie, l'autre finaliste. Il avait pas mal de fièvre, il était donc préférable qu'il se repose le plus possible avant l'enregistrement. Mais j'imagine que « Grégory, l'inquiétude » fait vendre plus de papier que « Grégory a gagné, c'est super ! ». Le problème, c'est que ces journaux sont lus par des centaines de milliers de personnes. Quand le mal est fait, il se répand vite.

Greg a découvert petit à petit ce qui avait été écrit sur lui durant les quatre mois de l'émission. Nous avions conservé tous les articles le concernant, sans lui en révéler la teneur. Il a voulu les lire. La plupart des journaux ont écrit ou sous-entendu que Greg était le grand favori de l'émission ou, plus tard, qu'il l'avait gagnée parce qu'il était atteint de mucoviscidose. S'ils voulaient absolument parler de cette maladie génétique, ils auraient aussi bien pu écrire : « Regardez Grégory Lemarchal, il prouve que l'on peut faire des choses merveilleuses, même en souffrant de la mucoviscidose ». Entre ces deux angles de traitement possibles, ils ont presque toujours choisi le mauvais. Grégory en a été profondément blessé, abattu. Il disait :

– Ce n'est pas possible, ils n'ont mis en avant que ma muco ! Et ma voix, mes prestations, tout ce qui se passait sur scène, ça ne les a pas intéressés ?

C'était sans doute un peu excessif – certains journaux avaient quand même salué ses performances –, mais c'était ainsi qu'il ressentait les choses. Il était effondré de lire que la production l'aurait avantagé, que TF1 se serait servie de sa maladie pour faire de l'audience. Qu'est-ce qu'on voulait dire ? Qu'il inspirait de la pitié ? Sa colère s'est transformée en rage, la rage de prouver à tous qu'il était un artiste à part entière, que la mucoviscidose n'était qu'une facette de sa vie, certes pas la plus sympathique, mais pas non plus la plus importante.

Pierre et moi aussi avons découvert ce dont un type de presse était capable. Le soir de la finale, nous sommes bien sûr à Paris pour soutenir Grégory quand le maire de Sonnaz nous appelle : selon lui, un hélicoptère est en vol stationnaire au-dessus de chez nous. Nous avons du mal à le croire, et tout le monde se moque de nous quand nous le racontons. La semaine suivante, *Voici* publiait une vue aérienne de la demeure du gagnant de la Star Academy… Par la suite, nous avons aussi surpris des journalistes planqués aux abords de la maison, puis lu le résultat de leurs investigations. Parce qu'ils avaient vu arriver une personne à sept heures du matin, ils en avaient déduit qu'il s'agissait de l'infirmière à domicile de Grégory, qui du coup était forcément soumis à des soins intensifs, sous assistance respiratoire. En réalité, il s'agissait de l'infirmière de ma maman, alors en pleine chimiothérapie.

Nous ne lui avons jamais raconté le reste, ce qui n'était pas dans la presse, ce à quoi nous ne nous attendions pas. Nous avons par exemple été contraints de changer de numéro de téléphone parce qu'on nous dérangeait sans cesse, de jour comme de nuit, et pas toujours pour nous dire des choses agréables. Des petits malins s'amusaient à nous réveiller à trois heures du matin, nous jetaient à la figure que, de toute façon, Grégory allait y rester. Dans les forums de discussion, sur Internet, ils s'en donnaient à cœur joie. Grégory finirait par mourir sur scène, on assisterait à son enterrement en direct, le tout, bien entendu, retransmis par TF1 et Endemol. D'autres nous écrivaient directement. J'ai ainsi reçu la lettre d'une personne âgée farouchement convaincue que mon fils était un usurpateur, qu'il n'avait pas la mucoviscidose et que tout ça était un mensonge savamment orchestré. J'étais complètement abasourdie, alors j'ai cherché le numéro de téléphone de ce monsieur, et je l'ai appelé : « Je donnerais tout l'or du monde pour que vous ayez raison, monsieur, et que mon fils ne soit qu'un menteur ! »

En fait, ce n'était pas la première fois que Grégory se faisait traiter de mystificateur. Au lycée, un professeur avait osé lui dire :

– Tu n'as pas l'air malade ! Je connais une jeune fille atteinte de mucoviscidose qui a le teint beaucoup plus pâle que toi !

On lui reprochait d'avoir raté une interrogation écrite, alors qu'il était en cure, on lui reprochait d'ailleurs ses absences répétées en général. Il fallait expliquer, mais alors le regard des autres changeait, la mucoviscidose collait à son front. Cette fameuse « étiquette » que Grégory évoquait avec Milo, elle s'était révélée à lui, violemment, au collège et au lycée. Ce sont ces années détestables, où on a commencé à lui faire sentir sa différence, qui sont remontées à la surface avec la focalisation de certains sur sa maladie au moment de la Star Ac'.

*
* *

Il y a un paradoxe que je ne m'explique pas : un nombre important de médias ont beaucoup parlé de la mucoviscidose de Grégory pendant la Star Academy mais, quelques mois plus tard, son premier album a été jugé trop autobiographique, trop personnel, certains ont cru y voir la muco à chaque ligne de texte… Ce fut flagrant avec *À corps perdu*, ma chanson préférée, et sans doute aussi celle de Grégory avec *Je t'écris*. Tout le monde adore cette chanson aujourd'hui, mais, à l'époque, pas une radio n'a voulu lui laisser sa chance. Trop triste : « À corps perdu / Ivre et sans fard / Pour n'être plus le pantin d'un espoir / Et si la vie n'est qu'une cause perdue / Mon âme est libre d'y avoir enfin cru ». Greg n'a pas compris ce rejet brutal, il ne pensait sincèrement pas que l'on puisse considérer cette chanson comme un bilan de sa vie, une allusion au mal qui le frappait. Pour lui, c'était juste un texte magnifique. Pour lui, au contraire, *À corps perdu* portait un formidable message, qui disait « fonce, vis le moment présent avec tes tripes », et non pas « je vais mourir de la mucoviscidose, mais c'est pas grave » ! Mon fils ne voulait chanter que des textes qui lui ressemblaient. Cet hymne à la liberté de croire en était un, c'est tout. Et puis, aussi, Greg éprouvait un fort sentiment d'injustice. On trouvait ses chansons tristes ? Mais même si cela avait été le cas, pourquoi, lui, n'aurait-il pas eu le droit d'interpréter des chansons tristes, comme tant d'autres ? Parce qu'il était atteint de mucoviscidose ? Encore une différence de traitement. Il était fou de rage : « Qu'est-ce qu'ils veulent ? Que je chante *Tata Yoyo ?* »

On se souvient souvent avec davantage de précision des choses qui nous blessent, mais il ne serait pas honnête d'oublier tous ceux qui ont été justes avec mon fils, qu'ils l'aient aimé ou non. D'ailleurs, Grégory prenait beaucoup de plaisir en interview. Il n'a pas été nécessaire de le « coacher » pour ses rencontres avec les journalistes. Il répondait à toutes les questions avec un naturel bluffant, avec ses mots, simples, avec son cœur. Il n'espérait qu'une chose : que son interlocuteur voie qu'il ne trichait pas. Bien sûr, il préférait qu'on aime son travail, et était toujours content de voir une belle couverture de *Gala*, *Télé 7 Jours*, *Télé-Loisirs* ou *TV Grandes chaînes*... Comme il appréciait le soutien sans faille depuis le début du *Dauphiné Libéré*, le quotidien de *sa* région.

Assurer sa promo, c'était aussi l'occasion de faire de belles rencontres. C'est ainsi qu'un journaliste belge, Marc, dit « Batman », s'est pris d'amitié pour lui. Et réciproquement. C'est grâce à Marc, notamment, que Greg a pu faire le tour des télévisions et des journaux importants du pays, et a passé d'excellents moments. Ce journaliste lui a même organisé une visite dans une école pour discuter avec des enfants. Greg était aux anges.

Tout ça pour dire que personne n'a compris, je crois, l'importance qu'il attachait aux médias. Tout artiste aime qu'on parle de lui, a peur d'être oublié ou de ne pas pouvoir défendre son travail. Pour Greg, c'était tellement vital... Il n'en était que plus vulnérable.

Dans un autre registre, il y a ceux qui ont jugé sans connaître, qui ont fait mal en se trouvant drôles, qui se sont crus au-dessus de tout parce qu'on leur avait confié un micro ou une caméra. Ceux-là, je suis incapable de leur pardonner.

En septembre 2005, Thierry Ardisson reçoit dans son émission *Tout le monde en parle*, sur France 2, la chanteuse Sofia Essaïdi, qui sort son tout premier album. Dès le début, il rappelle que ce n'est pas elle qui a remporté la Star Ac' 3, mais Élodie Frégé. Il lui soumet alors la question d'un téléspectateur, envoyée par e-mail :

– Est-ce que la grande leçon de tout ça, finalement, c'est pas qu'en France il vaut mieux avoir la mucoviscidose qu'être arabe ?

Sous-entendu : les Français sont racistes, c'est pour ça que vous n'avez pas gagné ; les Français sont en revanche touchés par les jeunes malades, et c'est pour ça que Grégory Lemarchal est sorti vainqueur de cette émission. Moralité : vous auriez mieux fait d'avoir la mucoviscidose.

Sur le plateau, personne n'a ri. Ni Sofia, bien sûr, ni les autres invités, ni les personnes présentes dans le public. On a même pu entendre quelques sifflets. Et pour cause. Cette question est choquante. Pour mon fils, pour tous les patients, pour tous ceux qui font déjà l'objet de discrimination parce qu'ils sont nés avec la muco. La choisir, n'est-ce pas une façon de la cautionner ? Pourquoi ne pas demander à Sofia, simplement, si elle estime avoir été l'objet d'un quelconque racisme ? Pourquoi, à cet instant, accuser mon fils d'avoir gagné grâce à la mucoviscidose ? Pourquoi, une fois encore, ne parler de lui qu'à travers sa pathologie ?

Cette émission était enregistrée, et nous avons été avertis des propos tenus. Pierre a fait demander à la production s'ils voulaient bien éviter de diffuser ce passage. Pas de réponse. Ou plutôt, si : nous avons eu la réponse, à l'antenne, le samedi soir.

La limite a été définitivement franchie un an plus tard, le 26 septembre 2006, encore sur France 2, dans l'émission de Laurent Ruquier *On a tout essayé*. Ce jour-là, l'humoriste Frédéric Martin parle de la Star Academy.

– Y en a eu combien, de Star Ac' ? Jenifer, Nolwenn, Élodie Frégé, Mucoviscidose et la mygale Magali…

Gros plan sur Laurent Ruquier. Cette fois, la blague semble bien faire rire. Pierre, devant la télé, en reste la bouche ouverte, sans rien dire, pendant trente secondes. Incrédule. Greg, lui non plus, n'en revient pas. À cette époque, il est très affaibli, il va devoir faire une cure d'antibiotiques et, devant lui, cet homme vient de le désigner par le nom de sa maladie. Il n'est plus Grégory Lemarchal mais « Mucoviscidose » ! Devant des millions de téléspectateurs, cet homme a fait une blague sur la mucoviscidose qui s'acharne à le tuer ! Le chroniqueur ne peut tout de même pas ignorer que cette maladie génétique est mortelle, il porte une responsabilité en s'exprimant publiquement, alors quel plaisir peut-il trouver à s'amuser de la souffrance des autres ? Je ne peux même pas me dire que c'est un dérapage, car là aussi l'émission a été enregistrée avant sa diffusion. Une nouvelle fois, ce fut un choix éditorial délibéré que de laisser cette séquence ! Pour ça, j'en veux non seulement à Frédéric Martin, mais aussi à la production de *On a tout essayé* et à France 2, dont la direction a répondu à l'association Vaincre la mucoviscidose, qui avait dénoncé l'incident, que ce n'était que de l'humour ! France 2, cette chaîne publique aux hautes valeurs morales, cette chaîne partenaire du Téléthon depuis tant d'années, n'a vu que de l'humour dans l'insulte faite à un gamin atteint d'une maladie génétique mortelle !

Grégory a porté plainte. Il ne voulait pas que, à cause de Frédéric Martin, tous ces jeunes qui rêvaient uniquement d'avoir une vie normale, de devenir chanteur, avocat ou boulanger puissent penser que, quoi qu'il arrive, ils ne seraient jamais que des « Mucoviscidose » aux yeux des autres. Frédéric Martin n'a jamais appelé Grégory pour s'excuser. Il s'est même étonné devant le juge qu'on puisse l'attaquer, a raconté qu'il avait déjà fait cette blague aux *Fous du roi* sur France Inter et que personne ne lui avait rien dit. Malheureusement, ou heureusement, notre fils ne l'avait pas entendue cette fois-là.

Grégory a lui aussi été entendu par le juge d'instruction. Il lui a expliqué sa démarche : « Ce qui m'a touché, c'est qu'en faisant cette émission et en la gagnant, j'avais redonné l'espoir à beaucoup de jeunes qui sont dans mon cas, et qu'avec ce propos de Frédéric Martin, j'ai l'impression que nous avons fait un grand pas en arrière ».

Grégory est parti avant que le jugement ne soit rendu. Nous avons poursuivi l'action en justice, comme le droit nous y autorise. Frédéric Martin a été condamné en première instance en mars 2008, puis en appel au mois d'octobre suivant – parce qu'il a fait appel –, pour « injure publique envers Grégory Lemarchal à raison de son handicap ».

Cette injure de Frédéric Martin du 26 septembre 2006 a été suivie, quinze jours plus tard, par le fameux article de *Voici* affirmant que Karine trompait Grégory avec « un homme, un vrai ».

Le 19 octobre 2006, Greg écrivait son texte *Je rêve*. Il y disait : « Je rêve d'un ciel bien étoilé / Là où les cons sont nettoyés ». Et encore : « Ça fait du temps / Qu'on nous embrasse avec des mots qui laissent des traces ».

Pierre et moi avons toujours refusé de nous exprimer publiquement sur la condamnation de Frédéric Martin. C'est la première fois que je le fais. J'aimerais vraiment que les gens comprennent que si Grégory a porté plainte, ce n'était pas pour une question d'ego froissé. J'aurais préféré, par exemple, que Guy Carlier comprenne qu'il ne s'agissait pas juste d'une « mauvaise vanne ». Sur RTL, dans l'émission *On refait le monde*, il a fait de cette histoire l'objet de sa chronique. J'étais dans ma voiture quand je l'ai entendue, en direct :

– La justice est « passée » comme on dit, et je ne reviendrai pas sur le jugement, d'autant que ce n'était pas une très bonne vanne de cet humoriste, qui est pourtant un garçon talentueux. Mais si je vous parle de ça, c'est parce qu'il me semble que la mémoire du pauvre Grégory a été infiniment plus salie par le mercantilisme éhonté dont il a été l'objet après sa mort que par une vanne de mauvais goût. Parce que, finalement, où est l'injure ? Dans un mot malheureux d'un humoriste ou dans l'avalanche de bouquins écrits sur Grégory ? Je vous cite, en vrac : *Grégory Lemarchal, les mots du cœur*, *Mon frère, l'artiste*, par sa sœur Leslie, *Grégory Lemarchal, le petit prince au destin brisé*, enfin y en a comme ça cinq ou six… Et la famille n'était pas d'accord, parce qu'ils voulaient, eux, faire la biographie officielle, évidemment, en disant : “Eux, ils ne le connaissaient pas bien, mais nous on le connaissait bien, etc. Non, non, c'est pas pour l'argent, tout va à la fondation”. Ça, c'est un leitmotiv de la famille. On fait des émissions sur TF1 à n'en plus finir : ça va à la fondation. Et donc, ce que je voulais vous dire, c'est que je trouve que ça, c'est une injure. Par exemple, monsieur Pascal Nègre, P-DG d'Universal, qui balance sur le marché des ébauches de chansons, des maquettes démo, des choses pas finies, des trucs faits comme ça au magnétophone pour tester des textes ! Et TF1 qui fait émission spéciale sur émission spéciale pour rentabiliser à fond Grégory, c'est pas une injure, ça ? Et la presse people, et la fiancée de Grégory qui se répand dans la presse people sur leur relation, c'est pas une injure ? Bon d'accord, la fille, elle est Miss Météo à M6, on va pas non plus lui demander d'avoir de la classe, m'enfin voilà, tout ça pour vous dire que, les injures, c'est comme la vulgarité : y a des gens qui peuvent dire « "bite" et "con", et puis d'autres qui vous serrent la main et qui sont vulgaires simplement. Là, c'est pareil : il y a un humoriste qui a eu un mot malheureux, et puis il y a tout le reste. Choisissez votre camp. »

Je devrais me réjouir que Guy Carlier s'attache autant à préserver la mémoire de mon fils. De son vivant, déjà, il s'était insurgé dans la presse contre TF1 et Endemol qui, selon lui, exposaient Grégory à la Star Academy comme un phénomène de foire. Je n'avais pas particulièrement aimé qu'il compare Greg à un phénomène de foire, qu'il le qualifie « d'homme tronc dans la fête foraine de TF1 », mais on pouvait toujours lui accorder le bénéfice du doute. Avec cette chronique sur RTL, le doute est levé. Les mots de monsieur Carlier sont forts.

C'est normal, monsieur Carlier est très bon. Il est même payé pour ça. Donner son avis, dans la presse, dans des livres, à la radio et à la télévision, c'est son métier. Il a le droit, fondamental, d'exprimer son opinion. Quand monsieur Carlier le fait sur la première radio de France, il doit savoir qu'il est très écouté, que son auditoire boit ses paroles et croit ce qu'il avance, il doit savoir que ses mots frappent fort, qu'il peut encenser quelqu'un ou mettre à mal une réputation en quelques minutes. Il a une responsabilité. Guy Carlier laisse entendre que, sous couvert de récolter des fonds pour l'Association Grégory Lemarchal, nous faisons de l'argent sur le dos de notre fils. Mais ça, ce n'est plus une opinion, c'est une accusation.

Nous avons souhaité montrer à Guy Carlier qu'il se trompait, lui expliquer pourquoi nous nous battons, pourquoi le livre de Leslie, l'album posthume, les émissions sur TF1, pourquoi ce livre que je suis en train d'écrire. Nous avons sollicité sa présence à l'inauguration du nouveau service de pneumologie de l'hôpital Foch, le 13 novembre 2008, en lui envoyant une invitation, en lettre recommandée avec accusé de réception, avec ce mot manuscrit au dos :

« Ce courrier n'est ni une plaisanterie, ni chargé d'arrogance. Il est sincère. Pour que votre coup de gueule sur RTL devienne peut-être… un coup de cœur. Respectueusement. Pierre Lemarchal. »

Pierre était persuadé que Guy Carlier viendrait, ou qu'au moins il nous répondrait. Il l'a espéré jusqu'au dernier moment. Pierre souhaitait vraiment discuter avec lui, les yeux dans les yeux, loin des caméras et des micros, lui dire : « Regardez autour de vous dans cet hôpital, voilà pourquoi nous sommes là, il n'est pas question d'Endemol, de TF1 ou d'Universal ! » Nous sommes toujours disponibles, si ça intéresse monsieur Carlier, et serions ravis de tout lui montrer. Et ce n'est toujours pas une plaisanterie.

*
* *

Je ne vais pas le nier, les critiques nous affectent toujours un peu. Quand vous ouvrez du courrier et que vous tombez sur une lettre d'insultes, la mettre à la poubelle n'en efface pas le contenu. Même si ces lettres sont extrêmement rares, je me demande parfois ce que nous faisons de mal. On nous accuse de profiter du système, de nous « en mettre plein les poches ». Si nous n'avions pas fondé l'Association, c'est vrai, nous n'aurions pas de soucis à nous faire… On a écrit que Pierre mettait son fils en danger, alors qu'il a toujours œuvré pour que Grégory vive le plus longtemps possible ! Ce n'est pas croyable, ces gens ne savent pas ce qu'est l'amour, le vrai ! Tout ce qu'on a pu faire pour Grégory, c'était par amour. Chaque fois qu'on l'a attaqué sous l'angle de sa maladie, on m'a attaquée, moi, dans ma chair. Je peux supporter toutes les douleurs, mais je n'ai jamais pu voir mon fils souffrir, et encore moins à cause des autres. Attaquer son moral, c'était attaquer sa santé. C'était tellement injuste, il voulait seulement vivre son rêve, il a donné tant de bonheur autour de lui. Je n'ai jamais compris que l'on s'acharne sur Greg, c'était si beau, au contraire, ce gamin qui se battait pour y arriver malgré les difficultés de la vie ! Pourquoi ont-ils voulu salir ça ? À un moment, certains parents voient leur enfant partir vivre très loin, à l'autre bout du monde. Pour moi, Grégory est juste allé un peu plus loin encore, dans un pays merveilleux où tout va bien, d'où il nous voit. Là-bas, « les cons sont nettoyés » et plus personne ne peut lui faire de mal.

Et si tu sens

Tant qu'il te reste une flamme
Calée au fond de toi
Tu effaceras les larmes
Qui mouillent tes yeux parfois

Tant qu'il te reste un rire
Vivant sur ton visage
Tu pourras toujours écrire
Des milliers d'autres pages

Et si tu sens que le jour vient
Que tu peux « revivre » demain
Tu seras la seule étoile pour voir venir
Un horizon pour l'avenir

Et si tu sens que le jour vient
Pour te réparer, c'est certain
Tu seras la seule étoile pour t'offrir
Une autre histoire pour l'avenir…

Grégory Lemarchal

Un matin de janvier, en se levant, Pierre est tombé sur deux textes manuscrits, posés sur la grande table de la cuisine. Il les a trouvés très beaux. Grégory avait écrit ses premières vraies chansons dans la nuit. Pierre n'a pas été surpris outre mesure. Nous étions au début de l'année 2006 et Greg vivait des choses émotionnellement très fortes. Sa mamie Simone venait de s'éteindre. Nous nous étions demandé comment il allait surmonter cela. Il l'a fait à sa manière. Le 16 décembre 2005, quatre jours après le décès de maman, Greg était censé faire son métier et chanter deux titres sur le plateau de la Star Academy 5 : *La Quête*, de Jacques Brel, en duo avec le finaliste Jérémy, et *À corps perdu*, en solo. Tout le monde pensait qu'il annulerait. Pour sa grand-mère, il y est allé. Ce soir-là, en direct, pour elle, il a changé les paroles d'*À corps perdu* : « Et si ta vie n'était qu'une cause perdue / Tu es partie libre d'y avoir au moins cru ». À la fin de la chanson, du bout des doigts, il a soufflé un baiser vers le ciel.

Nikos, qui savait pourquoi Grégory se trouvait dans un état second, s'est adressé à lui.

– Grégory, ça va ? Tu es fort ?

– Toujours. Il faut l'être, quoi qu'il arrive.

Tenir. Être fort. Toujours. C'était la seule défense qu'il connaissait pour ne pas se laisser submerger. Écrire fut pour lui une autre façon de lâcher, d'évacuer ce qu'il ressentait enfoui en lui. À la même période, il découvrait aussi le sentiment amoureux avec Karine. Entre sa profonde tristesse pour sa grand-mère et son immense bonheur avec Karine, il n'est pas étonnant que son cœur ait eu tant de choses à dire.

Grégory écrivait le plus souvent à partir de une heure du matin. C'était son heure, celle où il se sentait physiquement et donc psychologiquement le mieux. C'est quand tout était calme qu'il trouvait l'inspiration. Quand il était à Sonnaz, il s'installait sur son lit, dans sa chambre, ou à cette grande table qui occupe la pièce principale. Le stylo à la main, le nez sur sa feuille, il était ailleurs. Comme quand il chantait, en somme. En un an, il rédigea ainsi une trentaine de textes, pas tous parfaits, pas tous aboutis, mais chacun respirant une partie de lui. Même Yvan Cassar, en les lisant, fut étonné de leur qualité. Greg espérait qu'on les juge suffisamment bons pour son deuxième album… Personne n'imaginait, alors, qu'il n'aurait pas le temps d'aller au bout de ses envies.

*
* *

À l'automne 2006, Grégory est très fatigué. Plus que d'habitude. Il a déjà connu des périodes similaires, mais en général s'en est relevé assez rapidement. Pas cette fois. La fatigue dure, les cures d'antibiotiques font moins d'effet. Greg a maintenant parfois besoin d'assistance respiratoire et de séances de kinésithérapie plusieurs fois par jour. Il doit en plus désormais gérer un diabète, complication fréquente de la mucoviscidose. Il est donc de plus en plus souvent obligé de se faire soigner à l'hôpital. Chaque fois, je suis à

Paris près de lui. Je ne peux pas vivre loin de mon fils quand il a besoin de moi, de mon soutien, de mon amour. Greg n'a pas le moral. Il se rend compte que la maladie a franchi un cap. Pour savoir plus précisément où il en est, il subit une batterie d'examens poussés.

Les médecins commencent à lui parler de transplantation pulmonaire. Il n'y a, selon eux, pas encore d'urgence – le chirurgien que nous rencontrons se demande même si, au vu de certains résultats, il n'est pas un peu tôt pour l'inscrire sur la liste d'attente des receveurs –, mais il est préférable de commencer à s'y préparer.

La greffe est d'abord un processus d'acceptation lent et difficile. On dit souvent qu'il n'est pas évident de décider de faire don de ses organes, mais on n'imagine pas à quel point il est compliqué de recevoir ceux-ci. Il faut apprivoiser l'idée de devoir la vie à la mort d'un autre être humain, et accueillir ce corps étranger en vous. Pour que la greffe ait le plus de chances de réussir, le patient doit absolument y être préparé, il doit l'accepter de toutes ses forces. Cela ne peut pas se faire dans l'urgence. Le processus psychologique peut prendre beaucoup de temps, c'est pour cela que les médecins sensibilisent parfois plus d'un an à l'avance ceux qui peuvent en avoir besoin.

On ne change pas non plus des poumons comme une paire de pneus usagés. C'est la transplantation la plus délicate à réaliser, de par la grande technicité qu'elle requiert, mais aussi du fait de la très grande fragilité des poumons. Il n'y a aucune garantie de succès quand on se lance dans une opération aussi importante. Heureusement, la recherche fait son chemin, les techniques de transplantation sont de mieux en mieux maîtrisées, et les médicaments antirejet ont beaucoup évolué.

Grégory a été bien informé de tout cela. Il sait qu'il devra être greffé. Un jour. Il s'inquiète néanmoins pour sa voix, craint que ses cordes vocales soient touchées lors de l'opération. Que deviendra-t-il s'il ne peut plus chanter ? Ses médecins lui disent qu'il a encore le temps, alors c'est décidé : en 2007, il enregistrera son deuxième album, puis se fera greffer. Une nouvelle vie commencera alors. Oui, une re-naissance, c'est exactement ce que ressentent les greffés que je connais, qui découvrent la sensation de respirer sans avoir à aller chercher l'air en permanence au fond de leurs tripes et peuvent tout d'un coup réaliser un tas de choses qui leur étaient jusque-là impossibles. Voilà à quoi pense Grégory, en cette fin d'année 2006. C'est un battant, chez lui la greffe prendra, il aura de nombreuses années à vivre. Il se fixe des objectifs : son album, la greffe, son mariage avec Karine et un bébé…

*

* *

Cet album, il en parlait tout le temps. Évidemment, il ne l'envisageait que sous la houlette d'Yvan Cassar, qui était devenu pour lui bien plus qu'un réalisateur. Grégory le souhaitait assez différent du premier. Il rêvait de plus d'instruments à cordes dans les arrangements, voulait travailler les notes autrement, être moins dans la démonstration vocale, peut-être dans une tonalité moins haute. Il parlait davantage de voyage dans les mélodies. Quelques auteurs lui avaient déjà envoyé des propositions, qu'il découvrait avec bonheur au fur et à mesure. Le chanteur Kent tenait à sa disposition deux ou trois titres ; Serge Lama, avec qui il s'était si bien entendu pendant la Star Academy, lui avait transmis un très joli texte par... SMS ; il avait également reçu les chansons *Restons amis*, d'Isabelle Bernal, Rémi Lacroix et Davide Esposito ; *Recevoir* de Julie d'Aimé et Pierre Jaconelli ; *Le Lien*, de Patrick Fiori et Julie Zenatti. Et puis, il espérait beaucoup de ses propres textes, notamment de *Je rêve*, *De temps en temps*, *Elles*, *Et si tu sens*, *Tu prends*, et avait demandé à des compositeurs de réfléchir à une musique pour les mettre en valeur.

Grégory a eu le temps d'essayer sa voix sur quelques-uns de ces titres, parfois en studio, parfois chez lui. La mucoviscidose lui pompait de plus en plus d'énergie – il passait désormais quinze jours par mois sous perfusion d'antibiotiques –, mais Greg était capable de donner quelque chose de très bon dès la première prise. Fin mars, encore, il enregistrait *De temps en temps*, chez lui, avec Christophe, l'adjoint d'Yvan Cassar. Pour sa passion, Grégory trouvait toujours des ressources.

*
* *

Un jour, le destin s'accélère sans qu'on sache trop pourquoi il a choisi ce moment-là. Ce jour, pour Grégory, porte la date du 2 avril 2007. Ce lundi-là, il se rend à l'hôpital Foch pour une visite de contrôle. Il ne se sent pas très bien, mais pense seulement qu'on va comme d'habitude lui prescrire une nouvelle cure d'antibiotiques et qu'il va pouvoir rentrer la faire chez lui. D'ailleurs, il n'a même pas pris ses affaires. Après consultation, son médecin préfère le garder. La mucoviscidose évolue, il faudrait maintenant l'inscrire officiellement sur la liste des demandeurs de greffe, s'il en est toujours d'accord. Rien n'indique qu'il ne lui reste que quatre semaines à vivre.

Huit jours plus tard, son chirurgien lui apporte les papiers pour son inscription officielle sur la liste des demandeurs en attente de greffe auprès de l'Agence de la biomédecine. En nous regardant, Greg dit :

– Je signe le plus beau contrat de ma vie !

Il n'y a plus de carrière qui compte, plus de craintes pour sa voix. Son envie de survivre est plus forte que tout. Certains patients se font parfois retirer des listes d'attente ou refusent la greffe au dernier moment parce que la peur l'emporte. Greg ira jusqu'au bout. Et nous serons près de lui le temps qu'il le faudra. Nous habiterons à Paris, chez lui, à l'hôpital, où qu'il soit, nous aménagerons nos vies pour l'encourager dans cette nouvelle aventure. Greg est très déterminé. Dans trois mois, dans six mois, dans un an, lorsque son téléphone sonnera, il répondra présent.

Quelqu'un m'a demandé un jour si Grégory avait bénéficié d'un traitement de faveur. Non. Il n'y a pas de quartier VIP à l'hôpital. Et heureusement. Être malade, sans pouvoir échapper à cet environnement souvent triste, est une injustice en soi bien suffisante. C'est aussi pour ça que nous luttons aujourd'hui : pour que *toutes* les personnes atteintes de mucoviscidose contraintes de séjourner à l'hôpital puissent bénéficier des meilleures conditions. Nous n'avons pas le pouvoir de trouver par nous-mêmes un remède à cette maladie génétique, nous ne pouvons pas ajouter des années à la vie, mais nous pouvons ajouter de la qualité à cette vie.

Au mois d'avril 2007, il faisait très chaud sur la région parisienne, la température pouvait atteindre plus de trente degrés dans les chambres de l'hôpital Foch, nous étions obligés d'ouvrir les fenêtres pour aérer parce que la pièce n'était pas pourvue de système de rafraîchissement d'air. Or la chambre de Greg donnait directement sur une avenue extrêmement passante. Vous supportez mal la pollution ? Imaginez que vous souffriez d'une grave maladie respiratoire et ayez le nez sur des voitures !

Maintenant que je fais le tour des hôpitaux pour l'association, je me rends compte que Grégory a tout de même été avantagé sur un point : il pouvait se payer la télévision dans sa chambre et une connexion wifi pour surfer sur Internet et rester en contact avec le monde extérieur, avec ses proches. Une soixantaine d'euros par semaine. Évidemment, tout le monde ne peut pas se le permettre, surtout que les séjours dépassent souvent une semaine, alors nous faisons aujourd'hui le maximum afin d'obtenir la gratuité de ces services dans les Centres de ressources et de compétences pour la mucoviscidose (CRCM).

Pour s'occuper, Greg envoyait des textos par dizaines, surfait sur son ordinateur, regardait la télé ou écoutait de la musique. Je me souviens que, le casque sur les oreilles, il se passait et repassait les maquettes de *Et si tu sens* et *Elles*, enregistrées avec la voix de Christophe Beucher, qui en avait composé les musiques. Greg avait été profondément touché par les propositions de Christophe, qui l'avait compris alors qu'ils ne se connaissaient pas du tout. Il l'avait d'ailleurs appelé depuis son lit d'hôpital pour le lui dire. Ils ne se rencontreront jamais. J'ai aujourd'hui du mal à écouter *Et si tu sens*. Le texte est trop fort, trop d'images me reviennent en tête.

Un soir, en allumant la télévision, Grégory est tombé sur Christophe Willem. Le gagnant de « La Nouvelle Star » 2006 sortait son premier album. Grégory adorait ce qu'il faisait. Allongé sur son lit d'hôpital, comme un téléspectateur lambda, il a ressenti en lui l'énergie positive que pouvait simplement provoquer un artiste. Un artiste, comme lui ! Ce fut un déclic. Il s'est dit que des jeunes comme ceux qui en ce mois d'avril étaient en train de souffrir dans les chambres d'à côté, des jeunes comme lui, l'avaient peut-être vu depuis leur lit faire la Star Ac' et défendre son premier album à la télé. Il a réalisé l'exemple qu'il pouvait être, et tout ce qu'il pouvait leur apporter comme espoir.

Les médecins n'ont pas compris pourquoi l'état de santé de Grégory s'est dégradé aussi brutalement, aussi rapidement, au fil des jours. La greffe est devenue plus qu'une nécessité, une urgence. Si un greffon s'était présenté, Grégory serait allé au bloc en courant ! Nous avons connu l'attente, insupportable, le terrible sentiment d'impuissance face aux heures qui défilent. Greg disait que s'il devait recevoir ces poumons, il les recevrait, mais qu'il ne pouvait pas prier pour demander à Dieu la mort de quelqu'un d'autre. Moi, je l'ai fait. J'ai prié. C'est horrible. J'ai prié pour que quelqu'un meure, pour qu'il y ait un accident de voiture sur le Périphérique tout proche, ou que quelqu'un ait choisi ce moment pour mettre fin à ses jours. J'étais dans un état second, j'aurais fait n'importe quoi pour sauver la vie de mon fils, j'aurais donné mes deux poumons si j'avais pu. Il vivrait. Jusqu'au bout, nous y avons cru.

*
* *

À la fin du mois de juin 2006, selon un sondage réalisé par l'Agence de la biomédecine, quatre-vingt-deux pour cent des Français se déclaraient favorables au don de leurs propres organes, mais seuls quarante pour cent avaient fait part de leur position à leur proche. Moins de la moitié.

En France, tout le monde est présumé être donneur, sauf à être inscrit sur le registre national de refus. Si tel n'est pas le cas, c'est toujours aux proches qu'on demande l'autorisation de prélèvement, et ce alors qu'ils viennent de perdre la personne aimée. Comment voulez-vous, au cœur de cette douleur, faire un choix raisonné… Dans le doute sur la position du défunt en la matière, certains préfèrent s'y opposer. C'est ainsi qu'une part importante de greffons potentiels ne sont pas prélevés. On ne dira jamais assez l'importance de parler à notre famille, à nos amis, de ce que nous ressentons vis-à-vis du don d'organes. D'abord pour leur épargner ces minutes terribles face aux médecins et, ensuite, pour éviter que notre volonté ne soit pas respectée. Et puis se dire que sa dernière action, sur Terre, sera de sauver une ou plusieurs vies, n'est-ce pas la plus belle des volontés ? Grâce aux progrès de la médecine, la mort sert parfois à autre chose que faire pleurer les vivants.

De ton sourire

Depuis que tu es partie…

Tu traces mon avenir
De tous tes désirs
De ton sourire j'ai puisé
La force pour avancer

Je me rappelle tes discours sans paroles
Je me rappelle ton regard me dire : « vole »
Je me souviens de la beauté de tes pensées
Je te revois souvent m'apaiser

Au fond de moi, je ressens un vide
Mais tu restes là, et tu me guides
Peu importe mes nombreuses peurs
Tu m'as donné les clés du bonheur…

Grégory Lemarchal

« Vous deviez bien vous y attendre. » Je déteste cette phrase. On ose me la dire, parfois. Je la lis dans les regards, souvent. Non, nous ne nous y attendions pas. On ne se prépare pas à la mort de son enfant. Et la douleur n'est pas non plus moins forte parce qu'on vous a prévenus, statistiques à l'appui, qu'un jour ou l'autre ça arriverait. Notre fils est parti trop vite. Il avait tant à montrer et à donner. Je trouve cela injuste. J'aurais aimé qu'on lui laisse beaucoup d'années encore. Nous ne sommes pas les seuls à avoir perdu un enfant. Souvent, je pense à ces mamans et à ces papas qui vivent la même douleur. La vie réserve à chacun son lot de souffrances et de bonheurs. Nous avons eu notre part des deux. Je ne suis pas pratiquante, mais j'ai foi en quelque chose après la mort. C'est peut-être un moyen de l'adoucir. Je n'ai pas de colère contre Dieu, ni contre la vie. Cela avait d'ailleurs marqué le père Brunetti, lors de l'enterrement de notre fils. Lorsque nous arriverons au bout de notre chemin, nous nous retournerons et nous verrons alors si nous avons aimé, si nous avons été utiles. En fait, qu'y a-t-il de plus important ?

Nous n'avons jamais imaginé déposer les armes après le départ de Grégory. D'abord parce que nous nous battons contre la mucoviscidose depuis vingt-cinq ans, cela fait maintenant partie de nous. Ensuite, plus égoïstement, parce que cela nous aide à trouver un sens à tout ça. Enfin, et c'est sans doute le principal, parce que Grégory n'aurait jamais accepté qu'on laisse tomber. Je le revois sur son lit d'hôpital, les poings serrés, jurer dans un souffle : « Je t'aurai, putain de maladie ! » Je le revois nous dire en pensant aux autres : « Je ne peux plus me taire. Après cette greffe, je ne me tairai plus ! » C'est en grande partie pour cela que nous avons immédiatement décidé de créer l'Association Grégory Lemarchal. Je sais que c'est ce qu'il aurait voulu que nous fassions. Il avait écrit le texte *De ton sourire*, qui ouvre ce chapitre, en mémoire de sa grand-mère. Ce texte, je me l'approprie aujourd'hui. Oui, Titi, tu traces mon avenir de tous tes désirs. De ton sourire, j'ai puisé la force pour avancer. Au fond de moi, je ressens un vide, mais tu restes là et tu me guides.

Pour moi, Grégory est bien là, même si, physiquement, comme le chante Harlem Harl dans *Les Fleurs de l'éternité*, « Il est parti / Sans pleurs et sans bruit / Sur un parterre de fleurs blanches à Chambéry ». Merci, Harlem, d'avoir écrit une chanson aussi sensible, aussi juste, un hommage aussi beau à ton ami de la Star Ac'. Merci de nous avoir rejoints. Mon Dieu, mon fils est parti, mais j'arrive encore à dire merci. Merci TF1, merci Endemol, merci Universal de lui avoir procuré tant de joies. Merci à toutes ces belles personnes qui l'ont accueilli. Merci à ses fans qui lui ont fait tellement de bien. C'est à mon tour d'avoir des *Merci* plein la tête !

C'est Alexia Laroche-Joubert et Étienne Mougeotte, vice-président de TF1, qui nous ont proposé de consacrer une soirée en direct à Grégory quelques jours après son départ. L'objectif en a tout de suite été très clair : lancer un appel aux dons et reverser les fonds éventuellement récoltés à l'association Vaincre la mucoviscidose, dont nous sommes membres. Assez étrangement, malgré la tempête émotionnelle dans laquelle nous étions pris, nous sommes restés lucides dans nos choix. Si nous avions eu le moindre doute sur la sincérité des intentions de TF1 à ce moment-là, nous aurions évidemment refusé. Nous n'avons posé qu'une condition : ne pas apparaître à l'écran.

Les funérailles de Greg ont eu lieu le jeudi 3 mai 2007, à Chambéry. Le lendemain, à treize heures, nous avons pris en voiture la direction de Dammarie-lès-Lys. Pierre, Leslie et moi avons été accueillis au château de la Star Ac' par Nikos, en larmes, Matthieu Gonet, Alexia Laroche-Joubert… Presque toutes les personnes présentes avaient côtoyé Grégory un jour, et avaient tenu à être là. Je crois qu'ils pensaient que nous n'aurions pas le cœur de venir, dans cet endroit qui symbolisait tant de choses. Ce soir-là, un portrait de notre fils, souriant à pleines dents, trônait dans la grande pièce où se déroulerait l'émission, baptisée *Grégory, la voix d'un ange*.

Pierre a demandé à lire un texte pour commencer l'émission. Il l'a écrit dans la voiture, pendant que je conduisais. Il a pensé à son fils, les mots sont sortis tout seuls. Au château, un technicien l'a emmené dans le grand salon, vide, et lui a tendu un micro pour l'enregistrer.

Pierre s'est assis, a posé son texte à même le sol, et a commencé à lire :

– Privé de parole, nous n'oublierons jamais le dernier regard que tu nous as lancé, avant de t'endormir définitivement. Tu semblais nous dire : « Endormez-moi, j'en peux plus. Et j'espère vous revoir à mon réveil avec de nouveaux poumons. Et vite, si possible, car on m'attend pour mon deuxième album. Si je devais ne plus me réveiller, dans ce cas, dites bien à tous ces malades qui ont souvent puisé l'espoir en moi de ne pas le perdre. Et qu'ils se battent encore plus fort, avec beaucoup plus de force. Faites savoir, aussi, l'énorme respect que j'avais pour le corps médical qui s'est occupé de moi durant toute ma vie : docteurs, kinés, infirmières, infirmiers, et les autres. Je voudrais remercier aussi tous les professionnels du monde artistique de m'avoir ouvert leurs portes, et leur dire l'immense bonheur que j'ai eu à faire un bout de chemin avec eux. Dites aussi à tous mes fans qu'une étoile supplémentaire continuera de briller pour eux. À ma famille, à mes amis, que mon cœur est rempli de leur amour. Et, surtout, dites à mon "petit ange" que je l'aime. Enfin, faites le maximum pour sensibiliser et convaincre l'attention des gens bien portants sur la nécessité du don de soi, sur le nombre incroyable de vies que l'on pourrait sauver si la conscience de chacun le permettait. Je vais peut-être rejoindre une scène où je chanterai au milieu des anges. Dans ce cas, laissez-moi. N'ayez plus de peine. C'est drôle, je n'ai plus peur. C'est étrange. Ah, si, pardon, j'oubliais : dites aussi à certains qui se sont trouvés drôles, un jour, que mon nom n'était pas "Mucoviscidose", mais bien… Grégory Lemarchal. Je vous aime. »

Quand Pierre a relevé la tête, il a vu le preneur de son en train de pleurer et ses collègues, derrière la vitre de contrôle, complètement effondrés. Ce 4 mai, une émotion incroyable a gagné ces « gens de l'ombre », techniciens, caméramans, maquilleurs, qui ont pourtant vu passer toutes les grandes stars sur les plateaux de télévision et ne sont vraiment plus impressionnables. Nous avons appris plus tard que tous les intermittents du spectacle ayant travaillé sur cette émission avaient généreusement fait don de leur cachet.

Je ne me souviens pas précisément de tout ce qui s'est passé durant cette soirée. Je l'ai suivie depuis une pièce au premier étage du château, devant des écrans de télévision, sans vraiment réaliser. Les invités ont commencé à arriver, certains pour témoigner de leur admiration ou de leur amour pour Grégory, d'autres juste pour être avec nous en ce moment si particulier. Cette émission a été très digne, très belle. Je pense même qu'elle a beaucoup fait pour montrer Grégory sous un autre visage, hors Star Ac', sans paillettes. On y a parlé de la mucoviscidose avec des mots simples, les langues se sont déliées, et ont commencé à raconter les efforts que Greg devait réellement fournir pour être un chanteur comme les autres. L'émotion était palpable dans tous les témoignages, sur le plateau comme dans les petits reportages. Nous sentions tout le monde au bord des larmes, prêt à craquer en direct. D'ailleurs j'ai craqué, moi aussi. Une fois. Une seule.

La production, pour nous faire plaisir, avait recueilli le témoignage de Céline Dion, qui rendait hommage à notre fils.

– J'ai eu la chance de rencontrer Grégory lors de mon passage à la Star Academy en octobre 2005, et j'ai par la suite visionné son interprétation de la chanson *Et maintenant*, qui lui avait permis de remporter la victoire l'année précédente. Son interprétation m'avait bouleversée. Grégory était un garçon dont le talent et la joie de vivre m'ont tout de suite touchée. Son courageux combat contre la mucoviscidose m'a particulièrement émue car c'est une souffrance que j'ai côtoyée de près, puisque ma nièce Karine est aussi décédée de cette terrible maladie alors qu'elle n'avait que seize ans. Je sais comme c'est dur aujourd'hui pour ses proches et tous ceux qu'il a laissés derrière. Je tenais à ce qu'ils sachent que je suis de tout cœur avec eux.

Notre fils a appris à chanter sur les titres de Céline Dion. Il a ensuite gagné des concours, puis passé des castings avec ses chansons. Tout le monde lui disait qu'il l'interprétait merveilleusement bien. Il vouait une admiration sans bornes à l'artiste, mais aussi à la femme, à sa simplicité, à sa sensibilité et à son engagement dans la lutte contre la mucoviscidose au Canada. Il se sentait un lien avec elle. Cette fameuse rencontre à la Star Academy en 2005, que raconte Céline Dion dans son hommage, a duré en tout et pour tout une minute quarante. Dans un couloir, en coulisses. Le temps de faire une photo. Le temps pour Grégory de lui donner en main propre son album *Je deviens moi* et, surtout, une lettre porteuse de beaucoup d'espoir à ses yeux. Dans cette lettre, Grégory lui expliquait qu'il aimerait apporter sa contribution à la recherche en faisant, par exemple, une chanson au profit de l'association Vaincre la mucoviscidose, mais qu'il lui était difficile d'utiliser son seul nom au moment où il essayait d'être reconnu comme un artiste à part entière et d'enlever l'étiquette qui lui collait au front. Il imaginait le poids qu'un tel projet pourrait avoir si Céline Dion y participait, et lui demandait s'ils pouvaient se rencontrer pour, au moins, en discuter. Grégory n'a jamais obtenu de réponse. Ni à cette lettre, ni aux relances transmises par la suite par des contacts amis. Alors, oui, devant ce magnéto où la chanteuse se disait particulièrement émue par le combat de mon fils, j'ai pleuré. Il lui avait remis cette demande les yeux dans les yeux. La frustration, la déception, l'incompréhension de Grégory avaient été proportionnelles à l'attention qu'il avait portée à Céline Dion toutes ces années. Je m'en suis souvenue.

*

* *

À l'issue de cette émission, nous n'aurions jamais pensé que les Français, mais aussi les Belges et les Suisses se mobiliseraient à ce point à notre appel. Cette soirée spéciale a permis de recueillir six millions huit cent mille euros. Autant de preuves d'amour pour notre fils, de marques d'attention et de reconnaissance pour tous les jeunes atteints de mucoviscidose, autant de lumières pour l'avenir. Comme clairement annoncé sur TF1, nous avons confié cette somme à Vaincre la mucoviscidose, qui lutte depuis près de quarante-cinq ans et possède l'expérience et l'expertise requises pour initier des programmes de recherche scientifique.

*

* *

Nous avons officiellement créé l'Association Grégory Lemarchal un mois plus tard, conscients que Grégory, par son nom, pouvait apporter sa pierre à l'édifice de manière très complémentaire. Je me rappellerai longtemps notre premier conseil d'administration. Les quinze personnes le constituant ne se connaissaient pas toutes, mais étaient déjà unies par un lien indéfectible. Toutes avaient croisé la route de Grégory à un moment ou à un autre. Voir ainsi une partie de la vie de Greg résumée sous nos yeux fut pour nous très émouvant, très lourd de sens, très profond.

Le conseil d'administration de l'association compte toujours aujourd'hui parmi ses membres les docteurs Jean-Pierre Gout de l'hôpital de Voiron, Dominique Grenet et Marc Stern de l'hôpital Foch de Suresnes. Dominique et Marc ont connu Grégory au moment de la Star Ac' et l'ont accompagné jusqu'à la fin ; Jean-Pierre, lui, a été le médecin de notre fils de sa plus tendre jeunesse jusqu'à ses dix-neuf ans, âge auquel il a dû quitter le service pédiatrie pour celui qui suivait les adultes. C'est d'ailleurs toujours un processus délicat pour ces jeunes que de quitter un médecin qui les connaît depuis longtemps et en qui ils ont une totale confiance, surtout au sortir de l'adolescence, une période déjà compliquée.

Toujours dans la sphère médicale, sont également parmi nous Hervé Chirpaz, qui s'est occupé d'assurer les cures d'antibiotiques de Grégory à domicile et est, au fil du temps, devenu pour lui bien plus qu'un infirmier ; Dominique Pelca, le kinésithérapeute qui l'a soulagé les jours de *prime* à la Star Ac' puis pendant sa tournée ; Cristina Malor, infirmière de nuit à l'hôpital Foch, qui a su écouter et réconforter Greg dans les moments difficiles ; Blandine Brydniak, la préparatrice en pharmacie de notre région chez qui nous allions régulièrement chercher les innombrables médicaments nécessaires à Grégory.

Enfin, nous avons aussi demandé à Maria Renaudin, une amie de trente ans qui a tout vécu avec notre famille, à Colette Chazelle, l'avocate de Grégory qui était très attaché à lui, et à Grenadine Ferraud, fan de la première heure et amie de Greg pour toujours, de se joindre à nous : Leslie, Pierre, Karine, Olivier et moi.

Ces quinze personnes ont fait du combat de Grégory le leur, avec l'espoir d'y arriver, d'éviter ce calvaire à d'autres enfants, à d'autres hommes et femmes, à d'autres parents. C'est le souffle qui nous pousse depuis le 30 avril 2007.

Les objectifs de l'Association Grégory Lemarchal sont clairs :

– l'aide et l'assistance aux patients atteints de mucoviscidose et à leurs familles par toute action tendant à améliorer leur confort et leur qualité de vie ;

– L'aide à la recherche scientifique ;

– La lutte et la sensibilisation du public au don d'organes et des produits du corps ;

– L'information et la sensibilisation du public par tout moyen de communication sur la mucoviscidose ;

– La défense de l'intérêt et de la place des patients atteints de mucoviscidose, de leurs droits, la lutte contre les discriminations et les violences dont ils pourraient faire l'objet en raison de leur maladie et de leur handicap.

On trouvera un remède. Je ne sais pas quand, je ne sais pas comment, mais on trouvera ce remède. Quand on s'acharne, on y arrive. Et là encore ce n'est pas de l'optimisme aveugle ou une façon comme une autre de « venger » mon fils. Nous avons une autre certitude : si personne n'essaye, personne n'y arrivera. Pour cela, j'ai la prétention de penser que des associations comme la nôtre et comme toutes les autres sont utiles, car il faut permettre à la science d'avoir les moyens de ses recherches.

*
* *

Nous étions encore au château de Dammarie-lès-Lys, le 4 mai au soir, lorsque nous avons décidé de réaliser un album posthume de Grégory. En fin d'émission, nous avions diffusé *De temps en temps*, dernière chanson enregistrée par Greg. À part nous, les proches, et trois personnes chez Universal, aucun des invités présents ne l'avait jamais entendue. Tout le monde l'a écoutée, stupéfait. Ce moment fut beau, tout simplement.

Après discussion avec Pascal Nègre, Yvan Cassar, Bertrand Lamblot et Olivier, nous avons posé deux conditions à la sortie de cet album : qu'il serve à l'association que nous allions créer et, surtout, qu'il tienne la route musicalement. Bertrand et Yvan étaient persuadés d'y arriver. Des dizaines de personnes se sont lancées à corps perdu dans l'aventure, à Paris ou Los Angeles. Elles ont récupéré les bandes de quatre titres inédits – *De temps en temps*, *Restons amis*, *Le Lien* et *Recevoir* –, et de merveilleuses interprétations par Grégory des chansons des autres. Elles ont travaillé nuit et jour, ont réenregistré des instruments, des chœurs. L'album *La Voix d'un ange* est sorti le 18 juin 2007. Il s'en est vendu plus d'un million d'exemplaires. Le 11 juin 2008, le prix Vincent Scotto de la Sacem, qui récompense la meilleure chanson populaire de l'année, a été attribué à *De temps en temps*, écrite par Grégory et composée par Davide Esposito.

Je suis fière de cet album, et fière du mouvement de solidarité que mon fils a suscité parmi ceux qui ont travaillé avec lui, les auteurs et artistes qui lui ont confié leurs mots ou leur musique. Les vrais amis de Grégory de son vivant le sont restés après sa mort. Alors oui, j'ai au fond du cœur les gens qui ont tout fait pour que la voix de mon fils s'envole encore, et je ne sais comment remercier ceux, comme Julie Zenatti, Patrick Fiori ou Davide Esposito qui ont fait don de leurs droits d'auteur. J'ai aussi une pensée reconnaissante pour Jean-Jacques Goldman qui, un jour, sans que personne ne le lui demande, a lui aussi cédé ses droits sur deux de ses chansons reprises sur cet album. Par discrétion, il n'en a jamais fait la publicité.

Je le dis aujourd'hui parce qu'il n'y a pas de raison que de tels élans de générosité demeurent éternellement cachés.

Chaque jour, quand nous recevons des lettres de soutien, des témoignages d'affection, des dons pour l'association, je pense que mon fils doit être fier. Il ne nous est pas toujours évident d'accepter tous ces témoignages d'amour pour lui, même si nous sommes très profondément touchés lorsque nous assistons à des manifestations publiques données en son honneur. La première, après son départ, fut sans doute à la fois la plus belle et la plus pénible. À la fin de l'année 2006, Grégory voulait absolument organiser un événement réservé à ses fans. Après cette tournée qu'il avait tant aimée, il n'envisageait pas de ne pas les retrouver sur scène en 2007. Il a alors envoyé un message à son fan-club pour leur annoncer qu'il donnerait un spectacle pour eux, avec des amis musiciens et chanteurs, sur la scène du Centre des congrès d'Aix-les-Bains, le 16 juin. Ce même Centre des congrès où, le 13 mai 2006, il débutait sa tournée solo et fêtait son vingt-troisième anniversaire dans une ambiance inoubliable. Grégory attendait avec impatience ce show-case du 16 juin 2007, qu'il avait baptisé « Entre amis ». Il souhaitait, déjà, en reverser les bénéfices à Vaincre la mucoviscidose. Il est parti avant. Mais ses fans, eux, sont tout de même allés au rendez-vous. Depuis, ils se retrouvent chaque année sur l'Esplanade du lac d'Aix-les-Bains pour se souvenir, chanter, tenir des stands d'information sur la mucoviscidose et le don d'organes. Ce qui me frappe quand je vois ces mères et ces pères de famille, ces grands-parents, ces jeunes garçons et filles, c'est qu'ils ne sont pas là uniquement pour célébrer l'artiste. Ils ont aussi choisi de s'engager, avec sincérité, dans la lutte contre la mucoviscidose. Greg le disait en rigolant : il avait les meilleurs fans du monde. J'en ai la confirmation jour après jour.

Je n'ai aucune difficulté à parler à ceux qui en ont besoin dans les hôpitaux. Je suis là pour répondre à leurs questions et pour leur dire que nous ne baisserons jamais les bras en espérant leur donner de l'espoir. J'ai en revanche dû vraiment prendre sur moi pour m'exprimer dans les médias, et encore plus devant un micro ou une caméra. Grégory me donne toujours la force d'y aller, chaque fois. Le pire, mais aussi le meilleur moment, avec le recul, reste pour moi l'émission du 28 décembre 2007. TF1 et Endemol nous avaient proposé, dans le cadre de la Star Academy, de rendre hommage à Grégory avec les élèves et des artistes, proches de notre fils, et de lancer un nouvel appel aux dons, au profit de l'Association Grégory Lemarchal cette fois. Nous avons beaucoup hésité avant d'accepter, de peur de solliciter la générosité des Français une deuxième fois dans la même année. Je ne le regrette pas aujourd'hui. Nous avons vécu une soirée de grâce. Je me souviens qu'avant que le rideau s'ouvre et que nous descendions les marches du grand escalier, Pierre, Leslie, Karine et moi étions serrés les uns contre les autres, à nous donner du courage. Nous ne devions pas craquer, nous savions pourquoi nous étions là, réunis pour la première fois devant des caméras. Pour dire à des millions de gens ce que Greg aurait voulu leur dire sur la mucoviscidose. Dès notre entrée sur le plateau, le public a commencé à applaudir à tout rompre. Je sais que c'est Grégory qu'ils applaudissaient, que c'était mon fils sur cette scène, pas nous. Élèves, artistes, proches, techniciens et public avons vécu ces plus de deux heures d'émission comme sur un fil, entre sourires et larmes. Je n'oublierai jamais ce sentiment d'osmose.

Mon cœur battait tout aussi fort lorsque sont arrivés à la maison les sacs contenant des milliers de chèques, de cinq, dix, vingt, trente euros… En tout, quatre millions sept cent onze mille euros. C'est le plus beau des encouragements, la plus belle reconnaissance de notre engagement. Tous ces donateurs nous font confiance. Ils ont donné de leur argent, même ceux qui n'en ont pas beaucoup, pour venir en aide à d'autres êtres humains qu'ils ne connaissent pas. Qu'ils sachent que chaque projet que nous lançons est attentivement étudié avant acceptation. Nous ne sommes pas un distributeur de billets. Nous ne finançons d'ailleurs jamais à cent pour cent un projet de grande envergure. Nous travaillons main dans la main avec les directions des hôpitaux, avec le corps médical, nous sommes là pour donner une impulsion. Nos donateurs sont partie prenante de ce merveilleux travail d'équipe. Grâce à eux, nous avons pu rénover le service de pneumologie de l'hôpital Foch. Nous avons, sur proposition de Vaincre la mucoviscidose, débloqué un million d'euros supplémentaire pour cofinancer cinquante pour cent d'un vaste programme de recherche, unique au monde, sur la transplantation pulmonaire. Nous avons soutenu financièrement et moralement deux films documentaires, l'un sur le don d'organes, l'autre sur la vie après la greffe des poumons qui nous tient particulièrement à cœur, afin de mieux faire connaître la mucoviscidose et la nécessité du don de soi. Nous avons acheté des ordinateurs portables, des télévisions, des consoles de jeu pour rendre moins pénible le séjour des patients à l'hôpital. Nous allons aider à rénover d'autres services de pneumologie en France, aménager des chambres pour des enfants en attente de greffe, et bien d'autres choses encore…

*
* *

Parfois, je rêve que j'accompagne Grégory à l'inauguration d'un nouveau service de pneumologie dans un hôpital. Parfois je rêve que j'accompagne Grégory à l'enregistrement d'une émission de télévision. Je le vois chanter puis expliquer à l'animateur qu'il y a peut-être des jeunes garçons et des jeunes filles souffrant de mucoviscidose, comme lui, devant leur poste. Et qu'ils ont besoin qu'on les aide à sortir des griffes de cette saloperie.

Grégory a fait don de ce qu'il avait de plus cher en lui, sa voix, pour qu'on l'entende tant que ce sera nécessaire. Moi, je l'entends. J'espère que nous serons de plus en plus nombreux. Pour que sa mort serve à sauver des vies. Pour que, plus jamais, la mucoviscidose ne nous arrache à ceux qu'on aime.

Pourquoi

J'ai compris un matin d'hiver
Où le froid venait geler les fleurs
Que la seule erreur que l'on peut faire
Est de laisser faner le cœur…

Grégory Lemarchal

Quand avec le recul je relis les mots sur lesquels s'achevaient mon premier livre en 2009, j'y trouve de la détermination à agir, notamment dans les hôpitaux, et l'espoir que nous serons suivis, que la voix de Greg sera longtemps entendue pour sauver des vies. Près de douze ans plus tard, je suis rassurée sur ces deux points. Nous n'avons pas « laissé faner le cœur ». Nous avons agi, aussi vite que possible, et la voix de Grégory résonne encore bel et bien, dans l'esprit des gens mais aussi au sens propre comme lorsque, justement, nous inaugurons un nouveau CRCM ou service de pneumologie. C'est chaque fois un moment unique et en même temps un rituel devenu familier. Nous réunissons les familles, les soignants, la direction de l'hôpital, nos bénévoles locaux, la presse quand elle le veut bien, et commençons avant les discours par diffuser un film de présentation de l'association. Dès les premières secondes, la voix de Grégory s'élève, sur les notes de sa chanson *À corps perdu*. Et je suis toujours aussi émue, par sa présence et par l'émotion elle-même, qui se dégage de l'assistance.

Depuis la création de l'association, et au moment où j'écris ces lignes, nous sommes intervenus dans plus de la moitié des quarante-cinq CRCM de France, le plus souvent pour réhabiliter complètement la structure. De Marseille à Lille, de Lyon à Tours en passant par Paris, j'ai sillonné les services dédiés à la mucoviscidose, j'en ai vu des tristes, des peu pratiques, des « on se débrouille comme on peut », des vieillots, et même parfois des quasi-insalubres. Le manque de moyens, financiers et humains, est lui aussi un mal récurrent. J'ai vu l'hôpital se dégrader, et les équipes débordées. D'ailleurs c'est nous, les usagers, qui devrions manifester dans la rue pour améliorer la situation, pas ces professionnels qui suscitent mon admiration sans borne. J'ai rencontré des soignants dévoués corps et âme, des personnels administratifs qui se battent malgré les difficultés, et c'est sûrement pour cela, je ne l'aurais pas imaginé non plus, que c'est à l'hôpital que je me sens le plus à ma place. Là, je viens apporter des solutions et notre énergie, et j'en reçois autant en retour.

Si nous sommes un peu fiers de quelque chose, c'est de n'avoir changé ni la ligne de conduite ni les missions que nous nous étions fixées à l'origine. Dès la rénovation du service de pneumologie de l'hôpital Foch que je racontais précédemment, nous avions une priorité, assurer l'hygiène et la sécurité, et un objectif triple, apaiser le climat à la fois pour les patients, leur famille, et les soignants. On l'oublie souvent, mais pour ceux qui souffrent de maladie chronique, l'hôpital devient vite un second lieu de vie. Alors on écoute leur avis, et celui de ceux qui les soutiennent dans leur foyer. Quant à ceux qui travaillent au quotidien à prendre soin des malades et vont s'approprier les nouveaux locaux, ils savent mieux que quiconque ce dont ils ont besoin. En quatorze ans, nous avons instauré une façon de faire et un « esprit maison » propres à l'association. Des couleurs attirantes, un sol imitation parquet, des salles de bains individuelles pour éviter la transmission des germes… Ce qui a évolué avec le temps, c'est bien entendu la façon dont nous sommes perçus. Nous avons toujours été bien accueillis mais, les premières années, j'avais le sentiment que c'était davantage la maman de Grégory que l'on recevait. On me posait des questions sur lui, j'expliquais pourquoi nous avions créé l'association. Aujourd'hui, j'amène plusieurs années d'interventions et ma légitimité avec moi, je partage les expériences et les pratiques des autres hôpitaux, je conseille en tant « qu'experte » sur ce qu'il est possible d'envisager selon la configuration des locaux que je découvre. Parfois, cela va assez vite, mais je dois avouer que, le plus souvent, mener à bien de tels chantiers peut s'avérer plus compliqué. Il n'est pas rare qu'il se passe plusieurs années entre le moment où nous offrons notre aide et l'inauguration avec les patients…

Un bon exemple : la semaine dernière, nous avons visité avec Pierre le CRCM de l'hôpital Necker à Paris, qui vient d'être achevé et que nous inaugurerons bientôt. Nous avons rencontré l'équipe médicale pour envisager de les aider il y a près de dix ans… Il a fallu trouver la place adéquate, dans un hôpital qui en manque cruellement, repousser le projet plusieurs fois, mais nous y sommes parvenus. Rassurez-vous, pendant cette longue période, les enfants ont continué à être pris en charge par l'équipe remarquable de cette institution qu'est l'hôpital Necker. A contrario, il m'est arrivé d'expliquer en douceur aux équipes d'un CRCM que leur projet n'était pas prêt et que l'on pouvait y travailler encore quelques temps avec la direction. En d'autres circonstances, je me suis surprise à devoir expliquer mon point de vue de façon beaucoup plus directe…

Comme lorsque vous faites exécuter des aménagements chez vous, vous n'êtes jamais à l'abri de mauvaises surprises. Alors imaginez-moi, casque de chantier sur la tête, découvrant un jour, avec un directeur des travaux, des cloisons érigées dans des salles de bains alors qu'on n'en avait pas validé la construction. Ce jour-là, à mon interlocuteur qui m'expliquait que ce n'était pas si grave, je rétorquai : « Mettez-vous un sac en plastique sur la tête pour comprendre ce que ça veut dire d'avoir du mal à respirer, et ensuite vous essayerez d'aller prendre votre douche en tirant votre potence à perfusion. Vous verrez, alors, si ce mur qui gêne le passage n'est pas si grave ! » Quand ça se passe mal, ça se passe mal… Après cet épisode, nous avions rendez-vous avec toute l'équipe d'encadrement pour faire un point. De l'autre côté de la gigantesque table de l'immense salle de réunion, dix personnes au moins me faisaient face. La tension était palpable, on se serait crus dans un western au moment du duel dans la grande rue. Mais j'ai réussi à ne pas me laisser décontenancer. Quand la question des murs indésirables a été abordée, j'ai répondu assez sèchement : « De toute façon, la situation est très claire, vous ne m'avez pas encore rendu signée la convention passée entre l'hôpital et l'association, alors tant que ces salles de bains ne seront pas conformes, vous ne toucherez pas le montant de notre contribution financière ». Il y en avait pour plusieurs centaines de milliers d'euros. Les cloisons ont été abattues.

Pour aller au bout de l'histoire, il est essentiel de préciser que le jour de l'inauguration, devant l'enthousiasme des familles, toutes les péripéties s'étaient effacées pour faire place à une joie réelle et partagée. Et c'est toujours le cas. Que la collaboration ait été fluide ou demandé plus de conciliation, on ne résiste pas à l'émotion brute des principaux intéressés. Et pour ça, nous avons des souvenirs plein la mémoire. À Bordeaux, nous connaissions une patiente qui redoutait même d'être greffée à cause de la vétusté des locaux. À l'inauguration, elle était devant nous, souriante, et greffée. À Vannes, la maman de Noam, cinq ans, nous a expliqué que son fils ne pleurait plus sur le trajet vers l'hôpital depuis sa réhabilitation. À Rennes, je revois le petit Thiméo courir dans les couloirs, un nez rouge de clown illuminant son visage. À un journaliste qui lui demandait ce qu'il pensait du nouveau service, il répondait dans un immense sourire : « C'est Disneyland ! » Alors évidemment que l'on sait que non, il n'est pas à Disneyland mais à l'hôpital. Et évidemment que ses parents le savent aussi. Mais pour nous tous, à cet instant, sa réaction vaut tout l'or du monde. C'est le signe de l'acceptation de l'endroit où il viendrait de très nombreuses années se faire soigner, l'acceptation de la nécessité que l'on prenne soin de lui.

Je pourrais raconter bien d'autres anecdotes, énumérer tous les lieux que nous avons réhabilités, et dont bénéficient aujourd'hui des milliers de familles, mais je vais finir par une intervention qui me tient à cœur et à forte portée symbolique. Il y a quelques dizaines de pages, je vous révélais les mots de Grégory lorsque, pour échapper à la chaleur étouffante de cette fin d'avril 2007, il sortait tard le soir avec son père dans la cour de l'hôpital Foch, où il attendait une greffe de poumons. Devant le seul arbre planté dans le goudron, il disait à Pierre : « Tu vois, c'est ma forêt ». Cet arbre a disparu. Mais comme nous nous en étions fait la promesse, nous avons fait pousser à la place une nouvelle « forêt », pour tous les autres. En 2014, nous avons ouvert le jardin Grégory Lemarchal, une oasis de verdure surgie au milieu des hauts bâtiments de l'hôpital, ouverte aux patients et aux soignants, quelque 700 m^2 de végétaux, réalisée avec des matériaux durables et recyclables, et garnie de nichoirs et abreuvoirs pour accueillir les oiseaux. Une ode à la beauté de la vie, à l'endroit même où celle de notre fils a été prise.

Toutes ces années à arpenter les hôpitaux pour l'association ont été l'occasion de rencontres nombreuses et enrichissantes. À commencer par celles d'autres parents, ce qui, je crois l'avoir dit, fut assez nouveau pour moi. Nous ne fréquentions pas d'autres familles touchées par la mucoviscidose. La configuration des lieux où était suivi Grégory ne s'y prêtait pas, et nous n'en ressentions pas le besoin. Avec le recul, peut-être aussi étais-je dans le déni de la gravité de la maladie. Attention, bien sûr nous étions très attentifs à ce que notre fils reçoive tous les soins nécessaires, mais je crois que ne pas fréquenter d'autres personnes souffrant du même mal me préservait de me projeter vers son évolution. Aujourd'hui, je ne croise pas beaucoup de parents dans le déni. Il faut dire, aussi, qu'ils sont nettement plus informés que nous l'étions à l'époque. D'abord la mucoviscidose est désormais diagnostiquée dès la naissance. Ensuite Internet n'existait pas quand nous avons appris que Greg était atteint de cette affection, et les médecins eux-mêmes en connaissaient moins qu'à présent sur tous les aspects de la maladie. Enfin, ce sont des parents qui nous le disent, parler de la mucoviscidose est moins tabou dans les familles depuis Grégory et le relai par les médias des actions de l'association.

Comme on pouvait s'y attendre, il y a un revers à cette médiatisation. Il arrive que des parents d'un nouveau-né fassent référence à Grégory pour faire comprendre la mucoviscidose à leurs proches, et font donc référence à quelqu'un de décédé à l'âge de 24 ans, alors vous pouvez vous faire une idée du regard des gens sur le bébé. Certains parents préfèrent d'ailleurs ne pas parler de Greg à leur enfant, plus tard, pour le préserver de sombres pensées. Il y a quelques années, un adolescent nous avait raconté avoir entendu quelqu'un le désigner en disant « lui, il va mourir à 24 ans… » Face à cela, nous devons redoubler d'efforts pour expliquer et convaincre que, si c'est effectivement ce qui est arrivé à Grégory, l'horizon s'est éclairci. Ce n'est pas facile de dire à une maman ou un papa qui vient d'apprendre cette terrible nouvelle qu'il faut continuer à vivre, mais je le pense au plus profond de moi : chaque forme de mucoviscidose est différente, pour votre enfant ce ne sera pas pareil. Oui, c'est une maladie lourde au quotidien, c'est vrai qu'aujourd'hui on n'en guérit toujours pas, mais il y a tellement d'espoir. Je ne berce pas d'illusions ces familles, je n'aurais pas supporté qu'on le fasse avec moi, mais c'est une réalité concrète. La prise en charge s'est considérablement améliorée depuis 1983, la médecine a fait de tels progrès. Avec les nouveaux médicaments, Grégory serait certainement toujours en train de chanter sur scène.

Ce qui est certain, c'est que ça ne me coûte jamais de discuter avec ces parents et de leur raconter comment Grégory et la famille dans son ensemble vivaient les choses. On se comprend, on parle le même langage, pas besoin de s'apprivoiser. Il m'arrive aussi de reconnaître la jeune mère que j'étais. Si les traitements ont fort heureusement évolué, une chose n'a pas changé entre 1983 et 2021, c'est cette sensation commune à bien des mamans d'avoir une enclume posée sur le ventre en permanence.

Et puis il y a mes rencontres avec tous les jeunes patients. J'en croise à présent qui n'ont pas connu l'artiste Grégory parce que trop petits. Aujourd'hui, ils sont dans la vingtaine et en âge de construire leur vie, alors je leur parle de ce que l'association peut faire pour eux. On sait bien maintenant combien la mucoviscidose peut empêcher les réussites scolaires et l'accès à certaines filières. Je connais même beaucoup de trentenaires qui n'ont pas de métier. Avec les nouveaux médicaments, cela devrait changer pour les prochaines générations, mais pour l'instant c'est souvent encore le cas et nos aides individuelles le reflètent. Nous avons néanmoins de plus en plus de demandes de financements de formation. Certaines écoles peuvent coûter, pour un cursus de quelques années, jusqu'à plusieurs milliers d'euros et sont donc inaccessibles aux patients des milieux les plus modestes. Beaucoup de ces formations concernent les domaines du secrétariat médical, de la nutrition, de la sophrologie, de l'esthétique… Cela m'interpelle. Non que ces filières soient « moins bien » que d'autres, mais je me demande pourquoi nous ne constatons pas plus de diversité. Est-ce que ces jeunes s'interdiraient de se lancer dans des domaines qu'ils ne jugent pas faits pour eux ? Avec la Maison Grégory Lemarchal, nous voulons précisément nous attacher à les accompagner dans leurs choix de vie, pas seulement financièrement, pour leur ouvrir le champ des possibles, et ce d'autant plus que l'espérance de vie augmente. Mais ça, je vous en parlerai un peu plus tard.

Il me revient un témoignage puissant recueilli lors de l'inauguration du CRCM de Grenoble. Nicolas, 34 ans, nous avait confié : « J'avais croisé Grégory après la Star Ac', dans le service pédiatrique de Voiron où il rendait visite à une connaissance commune, et je me souviens lui avoir demandé un autographe. Je me souviens surtout que cela m'avait donné des ailes de voir quelqu'un comme moi aller chercher les moyens de vivre son rêve. Cela montrait que, oui, on peut tous y arriver, ne pas se dire que de toute façon c'est fini parce qu'on a la muco et se laisser abattre. Personnellement, j'adore voyager et je ne laisse pas ma maladie m'en empêcher. Elle me freine, mais je persévère, je trouve des solutions avec les équipes soignantes. On peut tous vivre une activité qui nous grandit. » Cela m'a marquée, pour l'histoire personnelle de Nicolas, et parce que quelqu'un d'autre que nous corrobore ainsi la philosophie de Grégory que nous n'avons de cesse de transmettre depuis son départ : autorisez-vous à rêver. Si pendant sa carrière, il s'adressait peu publiquement aux malades, j'ai revu pour les besoins d'un documentaire une vidéo amateur de sa prestation au gala de l'association Faire face, à Avignon, en 2006. Il disait en substance : « Je voudrais dire ce soir quelque chose qui me tient à cœur. Ça peut être le sida, le cancer, la leucémie ou d'autres maladies, ce qui est important pour nous les gosses, pour nous les ados, pour nous les adultes, c'est de se battre bien évidemment, mais l'on a aussi des rêves et des passions à assouvir. Et ce n'est pas parce qu'on a des problèmes de santé ou que parfois on a l'impression de se lever dans le corps d'un vieux, qu'on est forcément inaptes à réaliser nos rêves. Alors je dis à tous ceux concernés par ce sujet : croyez en votre étoile, et allez la chercher. »

J'en ai vu plus d'un, et plus d'une, aller chercher leur étoile. Ce qui est très joyeux, c'est qu'ils partagent avec nous les bonheurs de leur existence, mariage, naissance, nouveau travail. Certains m'envoient des photos de leur bébé, et ça fait du bien. C'est la famille, nous voyons grandir Marion, Léa ou Hugo, et s'installer dans la vie Fabien, Julie ou Cyril… Pierre joue aussi le Père fouettard avec ceux qui lui sont proches, et ne mâche pas ses mots pour les recadrer quand il sent que c'est nécessaire, ce qu'ils prennent souvent mieux que si cela venait de leurs propres parents. Mais il le fait toujours avec amour, bien sûr, et ils le savent. Avec le développement des réseaux sociaux, de plus en plus partagent leur quotidien avec la mucoviscidose, comme si la parole s'était libérée, ou souhaitent témoigner pour sensibiliser. Je pense à Clémence, Guillaume, Aurélie ou Clélia, mais il y en a d'autres. Je me demande parfois comment Greg se serait approprié Facebook, Twitter et Instagram…

Trois jeunes filles, qui témoignent elles aussi régulièrement de ce qu'elles vivent pour inspirer les autres, occupent une place plus que particulière dans ma vie, au point que je les considère comme des nièces. Il y a d'abord Chloé. J'ai fait sa connaissance alors qu'elle n'avait que onze ans. C'était un « bébé » ! Non, c'était une pré-adolescente extrêmement timide, qui habitait dans notre région et avait fait la connaissance de Grégory pendant la Star Ac', alors qu'il était venu participer à un concert avec la troupe de son père à La Ravoire. Chloé était passée dans les loges avant le concert, puis s'était assise près de lui pendant la séance de dédicaces. Mais elle était si timide que, ce jour-là, elle ne lui avait pas adressé la parole. Nous nous sommes souvent appelées pour prendre des nouvelles, et elle a croisé Greg à d'autres occasions… Aujourd'hui Chloé a vingt-six ans, et un parcours incroyable. C'est un tourbillon de gaité qui a déjà surmonté de nombreuses épreuves au gré de l'évolution de sa maladie, mais s'est toujours relevée. De toute façon elle n'en fait qu'à sa tête… J'ai pour elle une tendresse infinie. Elle a su transformer sa passion pour le théâtre en chemin de vie, a suivi une formation à Lyon puis au cours Florent, à Paris, avant d'être sélectionnée par le prestigieux Conservatoire national supérieur d'art dramatique de la capitale. Je suis fière et admirative de la jeune femme touchante qu'elle est devenue, à la fois intrépide, parfois déraisonnable, profonde et réfléchie.

C'est Grégory qui a rencontré Éva le premier. Je l'ai déjà évoqué dans *Sous ton regard* en racontant qu'ils communiquaient par Internet et que Greg m'avait confié « on est pareils ! On parle le même langage », mais je voudrais apporter des précisions parce que l'histoire s'est poursuivie jusqu'à nos jours. Éva avait dix-huit ans en septembre 2005, et n'allait déjà pas fort, au point d'être inscrite sur liste de greffe. Sa cousine, devant le parcours de Grégory, nous avait écrit pour nous en parler. Nous recevions alors à la maison des sacs entiers de lettres pour lui, et j'étais tout à fait par hasard tombée sur celle-ci et la lui avait donnée. Grégory avait appelé la cousine en question, puis Éva, à ce moment-là en hospitalisation de longue durée à Giens. Croyant à une blague de ses copains du service, elle l'avait envoyé promener, jusqu'à ce qu'il arrive à la convaincre. Ils ont longtemps communiqué par texto ou par téléphone, se racontant ce que eux seuls pouvaient comprendre, puis se sont vus en personne en 2006, pendant un gala caritatif. Ils sont restés en contact jusqu'au bout. Deux jours avant son décès, Greg nous demandait d'envoyer un message à Éva pour lui dire qu'il espérait qu'elle serait enfin bientôt greffée et qu'ils pourraient très vite se revoir. Le 30 avril, à son départ, Éva est effondrée. Un mois plus tard, le 2 juin 2007, après 21 mois d'attente, elle recevait deux poumons. Sauvée. Quelle joie quand nous l'avons appris ! Depuis, nous ne nous sommes pas quittés, et Éva a intégré le conseil d'administration de l'association. C'est une battante, toujours partante, qui nous apporte un vécu et une expertise irremplaçables pour accomplir tous les aspects de nos missions.

Enfin, pour compléter ce trio pas comme les autres, comment ne pas dire quelques mots de Sabrina. Encore un sacré numéro… Sabrina est elle aussi greffée pulmonaire. Par un hasard de la vie, elle a même reçu l'appel à la greffe alors qu'elle assistait en plateau à un prime de la Star Ac 7, en novembre 2007. Nous l'avons découvert quelques semaines plus tard, quand aussi incroyable que ce soit, elle est venue témoigner sur le plateau de l'émission hommage du mois de décembre, émission que j'ai décrite au chapitre précédent. Mais notre premier vrai contact est à son initiative. C'est en effet elle qui m'a alertée sur le besoin d'améliorer le confort de la salle d'attente de l'hôpital européen Georges-Pompidou où elle était suivie. Elle voulait absolument aider. Sabrina a par la suite participé à l'émission *Secret Story* avec le secret « Je vis avec les poumons d'un autre », et depuis a fait son bonhomme de chemin. Elle a déjà eu plusieurs vies, qu'elle vient de raconter avec brio dans un livre, *Je devais mourir à 7 ans*, que j'ai adoré. Je suis vraiment très attachée à Sabrina, et c'est un livre à son image : elle relate des épisodes dramatiques avec un humour féroce et un franc parler qui lui appartient, se dévalorise souvent pour ne pas avoir pu faire d'études mais fait en réalité preuve d'une force incroyable. Sabrina décrit dans son livre des scènes d'hôpital très fortes, avec une bande de copains, presque une famille, comme Éva d'ailleurs, son lot de bêtises de gosses, la confrontation à la mucoviscidose de l'autre et donc à la sienne, et les amis qui partent trop tôt. Grégory n'a pas connu cette vie-là, mais je me demande parfois en écoutant Sabrina et d'autres jeunes avec qui j'ai discuté ces dernières années si, adolescent, mon fils savait la réalité brutale de l'évolution de sa maladie et ne nous disait rien pour nous épargner.

*

* *

Depuis juin 2007, l'engagement de l'Association Grégory Lemarchal est ancré dans nos entrailles. Pierre en est toujours le président bénévole, et j'en suis la directrice. Au début, je me suis posé beaucoup de questions. Quand je voyais s'exprimer d'autres dirigeants d'associations, je ne me sentais pas à l'aise. Ils parlaient bien, avaient l'air sûrs d'eux, possédaient les codes institutionnels. Bref, j'espérais qu'on me prendrait au sérieux… Ça va mieux maintenant. J'ai accepté mes défauts, et j'ai plus d'assurance. Avec Pierre, nous avons dû apprendre très vite à devenir des « managers ». Une association comme la nôtre est comme une petite entreprise, l'aspect lucratif en moins, bien entendu, et demande à être organisée pour agir au quotidien, assurer sa pérennité et se développer. J'ai mis trois ans à comprendre qu'on ne pouvait pas fonctionner qu'avec des bénévoles, que nous avions besoin de compétences et de moyens humains à temps plein. Nous avons recruté au fur et à mesure, et l'association compte à ce jour cinq salariés, au total, pour mener à bien tous ses projets. Nous sommes une petite structure comparativement à la plupart des associations connues du grand public, presque inversement proportionnelle à l'image que l'on peut se faire de nous. L'écho que nous pouvons trouver dans la société est évidemment lié à la notoriété de Grégory, mais également à notre présence sur le terrain grâce à notre tissu de bénévoles qui font parler de nos actions. Ces bénévoles sont notre grande force. Ils sont environ quatre cents répartis sur tout le territoire, sous la responsabilité locale d'une quarantaine de bénévoles relais. Pierre pourrait écrire tout un livre sur « ses » bénévoles et leur histoire personnelle. Aux débuts de l'association, il s'agissait pour l'essentiel de fans de Greg et nous n'aurions rien pu accomplir sans eux. Ils ont depuis été rejoints par d'autres, sensibilisés à notre combat, mais ont en commun de ne pas être, pour la plupart, directement concernés par la mucoviscidose. C'est d'ailleurs une particularité qui touche profondément les familles pour qui ils œuvrent et les « mucos » qui sont eux-mêmes devenus bénévoles. Tous ont très vite compris qu'ils n'étaient pas derrière des stands pour parler de Grégory et de sa carrière, mais de la mucoviscidose et du don d'organes. Nous les formons régulièrement à cela. Je dois dire que le temps passe mais que nous sommes toujours ébahis par le don de soi de ces gens qui ont des familles, des conjoints, parfois des enfants, mais répondent présent chaque week-end, qu'il pleuve, vente ou fasse un soleil brûlant, pour porter les couleurs de l'association. Je trouve qu'ils ne sont pas assez reconnus par la société française.

Chaque année, nos bénévoles nous représentent sur quelque trois cents manifestations organisées au profit de l'association ou stands d'information. Hors période Covid, cela va sans dire... Il y en a de toutes sortes, des concours de belote, des repas solidaires, des épreuves sportives, des concerts, et j'en passe. Il y a aussi de plus en plus de cross organisés par les écoles et les collèges. Voir l'énergie, la joie de ces gamins qui n'ont pas connu Grégory et se donnent sans compter, ça me fait un bien fou. C'est l'essence même de la transmission. Une fois, une petite de 11 ans est venue me dire à la fin qu'elle avait vu Greg à la télé et m'a fait rire : « J'aime bien ses chansons ! Mes parents, ils aiment pas, mais moi j'aime bien ! » Mais de nous deux, c'est bien Pierre le plus actif sur le terrain. Il ne peut être partout mais tient plus que tout à notre proximité, au lien avec les organisateurs de ces événements qui nous accueillent dans les villes et les villages de France. Ils nous sont indispensables, pour les ressources financières qu'ils nous apportent, et pour la possibilité qu'ils nous donnent de venir au contact des gens. Pierre vit très mal les périodes où il est privé de ces rencontres, et au bout de quatorze ans, cette mobilisation lui donne encore des frissons.

De toute façon, Pierre passe sa vie sur les routes. Il cherche des partenaires, représente l'association auprès des pouvoirs publics, s'occupe des manifestations nationales. Et puis il chante. Comme avant. Du Brel, du Lama, des classiques de la chanson française. Il y a repris goût. La première année, en novembre 2007, il a fait un concert. Puis un autre. Puis trois. Puis six. En treize ans, il en a donné quatre cent soixante-deux, et récolté directement près d'un million d'euros pour l'association. Au-delà de l'argent, ce sont des milliers d'échanges sur la mucoviscidose, dans de petits bourgs pour l'essentiel, avec des sympathisants, des donateurs, des familles. Les gens sont souvent étonnés, par la qualité du spectacle, et de le voir là, « en vrai », comme s'il était sorti de la télé, comme si « le papa de Grégory » ne pouvait pas se déplacer jusqu'à eux. On lui demande où en est l'association, et naturellement on lui parle de son fils, avec des superlatifs qui le mettent en général mal à l'aise, c'est comme ça, mais avec une ferveur, quatorze ans après, qui le frappe. Parfois, un jeune atteint de mucoviscidose vient chanter avec lui. Alors, face à ces gamins qui vivent la même souffrance mais la même passion que Grégory, souvent, dans la salle, les yeux sont inondés de larmes.

Pierre a besoin de ces contacts, chanter est sa passion, et cela l'aide depuis le départ de Greg. J'en suis heureuse pour lui, sincèrement, mais en même temps j'ai peur pour sa santé à cause du rythme, de la fatigue. Je l'ai vu épuisé physiquement. Après ces concerts parce qu'il avale des milliers de kilomètres en camionnette toute l'année, mais aussi parce qu'il ne sait pas dire non. Il hésite rarement à se déplacer à la rencontre de quelqu'un qui le sollicite, à partir chercher un chèque en personne, faire un aller-retour dans la journée pour une réunion… Il est en permanence dans le devoir, l'honneur militaire, le don de soi, au détriment de sa santé. Alors forcément, je m'inquiète.

Depuis 2007, Pierre milite également ardemment pour le don d'organes, comme le prévoient les statuts de l'association. Au tout début, il donnait des conférences sur le sujet, mais s'est rendu compte que chaque fois l'auditoire était déjà acquis à la cause en venant. Lui, il voulait convaincre. Alors il s'est tourné vers les établissements scolaires, profitant d'ailleurs souvent d'un de ses concerts pour intervenir dans le collège ou le lycée de la région en question. À ses yeux, les adolescents constituent les meilleurs messagers que l'on puisse trouver, et il a raison. Pendant plusieurs années, il a ainsi sensibilisé des milliers de jeunes à la question du don d'organes en général, pas uniquement pour la transplantation pulmonaire qui intéresse la mucoviscidose, et au nombre de vies que l'on pouvait sauver. Fort de son expérience, il s'est alors lancé dans un projet pilote pour essayer de faire avancer le problème au niveau national. Pendant trois ans, au lycée du Granier, dans notre Savoie, il a suivi des élèves de la seconde à la terminale, en les revoyant chaque année avec une intervention différente, pour mesurer statistiquement l'impact d'une mission de sensibilisation obligatoire sur toute une classe d'âge, et pouvoir adapter les mesures les plus efficaces. Et les résultats sont extrêmement éloquents. Pierre souhaite maintenant qu'un module de sensibilisation au don d'organes soit inscrit dans les programmes scolaires, au moins de première et de terminale, et qu'un guide de formation soit fourni aux enseignants, avec la possibilité d'intervenants associatifs extérieurs aux établissements. Le dossier a été présenté au collectif Greffe + dont nous faisons partie, à l'Agence de la biomédecine, et à des députés de la région pour être appuyé auprès des autorités de santé et de l'éducation nationale. Et nous attendons, attendons… Le taux de refus au don d'organes est toujours en France autour de 34 %. C'est un échec national, qui met Pierre en colère. Colère face aux lenteurs, colère face à l'absence de décision, colère devant les lacunes de la formation, devant le manque d'effectifs des médecins préleveurs… Mais je le sais, il en faudra plus à mon mari pour se décourager…

Pour ceux qui viendraient de se poser la question à la lecture de ces lignes, je rappelle la loi en vigueur, précisée par un décret d'application de janvier 2017 : en France, nous sommes tous considérés comme étant donneurs d'organes. Si vous êtes contre, ce qui est votre droit, vous devez l'exprimer clairement en vous inscrivant sur le registre national du refus, ou en donnant de votre vivant à vos proches une lettre manuscrite, datée et signée, signifiant ce refus. Ça, c'est pour le droit. Mais très franchement, je vous le dis, je mets quiconque au défi de se prononcer contre le don d'organes après avoir parlé à une personne sauvée par une greffe…

Je ne pourrais pas clore ce chapitre sur l'activité quotidienne de l'association sans remercier les membres de son conseil d'administration, qui veillent sur nous, nous épaulent, et garantissent la justesse de nos actions. Nous avons vécu mille choses ensemble depuis la parution de *Sous ton regard* en 2009, et avons appris à encore mieux nous connaître. Les liens sont forts. Nous leur demandons beaucoup, et leur implication, leur savoir et leur bienveillance sont pour nous inestimables. Ce conseil d'administration comporte toujours quinze membres. De nouvelles têtes nous ont rejoints, certains présents à l'origine ont demandé à se retirer de leur fauteuil estimant avoir apporté tout ce qu'ils pouvaient et préférant laisser place à de nouvelles compétences. Ils ne sont pour autant pas partis bien loin, et demeurent toujours prêts en cas de besoin.

Régulièrement, on me demande : « Vous avez des nouvelles de Karine Ferri ? » Oui, j'ai des nouvelles de Karine Ferri Gourcuff. Elle va bien, merci. Elle est marraine de l'association et tient pleinement son rôle, notamment de sensibilisation dans les médias. À vrai dire, je comprends bien les sous-entendus dans cette question. Les uns insinuent qu'elle serait « passée à autre chose », les autres cherchent au contraire à être rassurés sur la « fidélité » d'une personnalité qu'ils apprécient. Eh bien, ils peuvent l'être, Karine est restée Karine, elle n'oublie pas, elle a juste poursuivi son chemin, comme nous le lui souhaitions il y a douze ans déjà. Cela n'a pas été facile pour elle, alors je suis d'autant plus heureuse de la savoir bien dans sa vie, heureuse qu'elle ait trouvé en Yoann un mari et un père aimants, heureuse de voir devant moi une femme, une mère épanouie. Je sais, aussi, de façon certaine, que Greg serait soulagé, lui qui voulait seulement la protéger. Et puis je dois dire que Karine a de la chance d'être tombée avec Yoann sur un être compréhensif. Ce ne doit pas être simple tous les jours de voir le nom de la femme que l'on aime associé comme cela à celui d'un autre.

Les souvenirs de toi

Même si le temps est écoulé
Votre amour ne s'efface pas
Toutes les images sont enroulées
Et dansent à chacun de ses pas

Comme si rien n'avait changé
Il est là debout, fier et droit
Ses rires sont mélangés
À des larmes parfois

Grégory Lemarchal

Le temps est écoulé, et votre amour ne s'efface pas, c'est vrai. Ces vers, couchés sur le papier par Grégory entre la fin de l'année 2006 et le début de 2007, prennent une signification particulière aujourd'hui. Il a intitulé ce texte *Les Souvenirs de toi*, et vous avez gardé le souvenir de lui. Vous le montrez bien, chaque fois qu'une émission de télévision est consacrée à son histoire ou à notre combat. Nous ne faisons pourtant rien, avec Pierre, pour entretenir la postérité de l'artiste. Quand nous acceptons d'intervenir dans les médias, c'est pour parler de la mucoviscidose, parfois à travers lui, et de l'association. Nikos l'a très bien défini, un jour, dans une interview, en suggérant que nous n'avions pas demandé à être dans la lumière mais que nous nous étions engagés dans un combat qui, désormais, dépassait nos simples personnes. C'est indéniable, je n'aime toujours pas me retrouver devant une caméra, ma vie discrète d'avant m'allait très bien, mais je sais quand je dois m'exprimer. Je n'ai aucune intention de m'en plaindre, d'abord parce que nous avons conscience de notre « chance », beaucoup d'autres associations aimeraient bénéficier de plus de visibilité, et ensuite par soucis de cohérence : on ne peut pas vouloir sensibiliser les Français et récolter des fonds pour agir, et refuser toutes les propositions. Nous saisissons l'opportunité quand elle se présente, à condition que cela respecte nos valeurs.

De ce point de vue, nous savions que l'année 2017 serait extrêmement importante et que nous serions sans doute très sollicités. L'année 2017 allait marquer les dix ans de la disparition de Grégory. Dix ans… Nous abordions cette échéance dans un mélange de sentiments contraires. L'appréhension de la charge émotionnelle que nous allions porter, et la perspective de pouvoir capter l'intérêt du public sur nos missions.

TF1 nous a effectivement proposé de diffuser une émission en prime time sur son antenne pour marquer ces dix ans. Nous n'avons pas dit oui tout de suite. Comme je viens de l'expliquer, cette émission devait avoir du sens et une utilité, ce qui impliquait pour nous qu'elle soit obligatoirement en direct, pour pouvoir faire des appels aux dons efficaces. Ça, c'est le fruit de notre expérience. Nous avions en août 2014 déjà accepté un prime time, mais il avait été enregistré, ce qui change complètement la dynamique et l'osmose avec le téléspectateur, et donc les sommes récoltées. J'en profite pour préciser, à ceux qui trouveraient qu'on en « fait beaucoup », que TF1 a en tout et pour tout consacré trois émissions à l'Association Grégory Lemarchal en quatorze ans : en décembre 2007, en août 2014, et celle que j'aborde maintenant, en janvier 2017.

Pour être tout à fait honnête, TF1 n'était pas emballée par notre souhait. Au fil des ans, les émissions d'appels aux dons à la télévision se sont raréfiées, le Téléthon et le Sidaction sont un peu les deux arbres qui cache le « désert » en la matière. Nous avons donc beaucoup échangé pour trouver un équilibre entre divertissement pur et émission caritative. C'est aussi quelque chose que nous avons appris les dix premières années : écouter. Chacun son métier. Nous avions un objectif commun, un échec d'audience n'aurait été bon ni pour eux ni pour l'association, en termes de ressources financières comme d'image. Surtout que nous avions décidé de dédier l'intégralité de cette émission à notre objectif le plus important du moment : lancer la Maison Grégory Lemarchal.

Être en direct ajoute une pression considérable, je dois être un peu masochiste… Nous sommes le samedi 7 janvier. Sur un côté de la scène du Zénith, je tremble de peur. Et si je ne trouvais pas les mots ? Et si nous n'arrivions pas à faire comprendre ce qui nous anime ? Et si les téléspectateurs ne donnaient pas ? Ça commence. Dans ma tête, Grégory me dit « respire, maman… » Donne-moi la force, Titi. Et je le vois, là, sur grand écran, chanter *Et maintenant* lors de la finale de 2004, avec tout ce qu'il est, avec toute sa rage contre l'injustice de la vie. Quatre mille personnes applaudissent. Combien sont-ils derrière l'écran ? Pierre me serre la main, me protège, me porte jusqu'au centre scène où Nikos, notre ami, nous attend et nous enveloppe de sa bienveillance.

Les artistes défilent toute la soirée, chantent Grégory ou lui dédient leur chanson, ont des mots gentils pour lui, pour nous, appellent à ne rien lâcher. Ce soir-là ont répondu à notre invitation, dans l'ordre d'apparition, Davide Esposito, Matt Pokora, les New Poppys, les fidèles compagnons de la Star Ac' 4, Marina Kaye, Serge Lama, Slimane, Vianney, Jane Constance, Véronique Sanson, les Kids United, David Hallyday, Chimène Badi, Julie Zenatti et Marc Lavoine.

À intervalles réguliers, nous rejoignons Nikos pour parler de l'association, Karine s'adresse avec toute son émotion aux téléspectateurs pour les appeler à la générosité. Le compteur monte, doucement, et moi je m'accroche au regard des jeunes touchés par la mucoviscidose que nous avons invités dans la salle. C'est pour eux, pour toutes les familles comme les leurs, que nous sommes là.

Moment suspendu parmi tant d'autres, Patrick Fiori est venu offrir en direct une chanson inédite, écrite par Grégory, initialement intitulée *Elles* et rebaptisée *Pour mieux s'aimer*. Une chanson qui parle, justement, des émotions. Nous étions quelques semaines plus tôt avec Patrick au studio Saint-Germain, à Paris, lorsqu'il a pour la première fois posé sa voix sur ce texte que je trouve magnifique. Il n'en menait pas large. Et nous non plus. Assis sur un canapé avec Pierre, nous avons devant nous la chevelure si reconnaissable d'Yvan Cassar aux manettes, puis la vitre du studio, mais derrière cette vitre, cette fois-là, ce n'est pas notre fils face au micro. Je suis envahie d'une infinie tristesse, parce que Grégory aurait dû chanter ce texte qu'il avait écrit pour lui-même, je l'entends, je le vois sur son lit d'hôpital en écouter la mélodie au casque, mais je ressens aussi une vague d'émotion que cette chanson existe, portée par la voix magnifique de Patrick. Nul autre que lui n'aurait pu l'interpréter et il nous a fait grand honneur d'accepter.

Patrick Fiori, Nikos Aliagas et Mickaël Landreau ont immédiatement accepté de devenir parrains de l'association, comme une évidence, pour eux comme pour nous. Ils se complètent parfaitement et chacun a un lien avec Grégory. Nous ne comptons plus les concerts que Patrick a bien voulu donner pour nous, ni les interventions, les coups de pouce pour récolter des fonds et les prises de parole publiques de Nikos. Michaël est plus discret mais très actif dans l'ombre, il nous aide, nous conseille, met lui aussi ses contacts et son image de sportif de haut niveau à notre profit. Il nous a comme les deux autres déjà accompagnés dans des hôpitaux et auprès de jeunes patients. C'est une belle rencontre, rendue possible par Lennie, alors sa compagne, qui avait été du casting de la Star Ac' 4 et nous avait appris qu'il écoutait Grégory de son vivant. C'est tous ensemble, rejoints par Karine, que nous avons terminé l'émission de TF1 sur les gradins du Zénith, au milieu du public, des « mucos », des familles, en chantant *Le lien*...

Le lendemain matin, c'est l'heure du bilan. C'est un succès d'audience, avec 4,5 millions de téléspectateurs. TF1 et les producteurs de DMLS TV sont soulagés. Et nous avons enregistré 2,2 millions d'euros de promesses de dons. Soit le prix de construction de la maison, auquel il faudra ajouter l'acquisition du terrain et les aménagements intérieurs comme extérieurs. Alors bien sûr j'aurais aimé que chaque téléspectateur donne au moins un euro, mais c'est objectivement une belle satisfaction, et je ne remercierai jamais assez nos donateurs, ceux qui ont franchi le pas.

Ce n'est pas facile de solliciter la générosité du public, mais j'ai beaucoup évolué depuis la sortie du livre *Sous ton regard* en 2009. Et puis, pardonnez-moi d'enfoncer une porte ouverte, mais on ne récolte rien quand on ne demande rien... Nous ne forçons personne à choisir de nous faire confiance à nous plutôt qu'à une autre association, nous ne « volons » pas cet argent, et son utilisation est transparente et justifiée.

Tout combat est légitime et beau, et nous avons conscience que les citoyens sont très sollicités, ce qui m'émeut encore plus lorsque j'en vois, dans des temps difficiles, donner même quelques euros ! Nous ne bénéficions pas aujourd'hui de subventions, nos ressources proviennent à 85 % de la générosité du public, le reste est issu des adhésions et des produits de la vente de biens culturels liés à Grégory, comme ce livre. Nos donateurs ne sont pour la plupart pas des gens aisés, ce sont des gens qui nous ressemblent, et reflètent d'ailleurs le public de l'artiste populaire. Nous le savons, c'est essentiellement pour Grégory que les gens donnent, et c'est à ces seuls donateurs, aux familles, aux patients, aux membres de l'association que nous devons rendre des comptes, comptes qui sont publiés chaque année et consultables gratuitement sur Internet.

Après quatorze ans d'engagement public, les critiques ne m'atteignent plus du tout. Certaines personnes ont le sentiment d'être trop sollicitées, je peux le comprendre, et nous essayons d'y faire attention, mais je suis parfois frappée par la virulence voire l'agressivité de courriers ou d'e-mails que je reçois, heureusement rarement. Récemment, un monsieur en colère de recevoir un de nos appels aux dons dans sa boîte aux lettres m'a écrit « votre fils doit avoir honte de vous ! » Il avait laissé son numéro de téléphone, alors je l'ai appelé :

« Monsieur, vous m'avez blessée à un point que vous ne pouvez imaginer. Vous ne connaissez pas mon fils. Vous pouvez me critiquer, moi, mais comment osez-vous écrire cela ? Vous ne savez pas ce qui lui fait du bien ou de la peine, ou ce dont il aurait honte. Faites attention aux mots que vous employez… »

Ce monsieur m'a expliqué que ses écrits avaient dépassé sa pensée. On peut toujours s'expliquer de vive voix, et nous nous sommes quittés cordialement, mais je crois que c'est un phénomène très actuel. Les gens n'ont plus de filtres, et c'est encore plus vrai sur les réseaux sociaux. Là, ce ne sont pas nos donateurs qui s'expriment, et les réquisitoires sont davantage d'ordre moral. Il y a ceux qui fustigent TF1, Universal, et qui sais-je encore, qui « font de l'argent » sur le dos de Grégory, et puis il y a nous, la famille, nous qui ferions mieux de « laisser Grégory en paix ». D'accord, c'est un sentiment minoritaire, mais je comprends mal ce besoin de polémiquer qui refait surface à l'occasion de la sortie d'un livre, d'un disque, du biopic… Au-delà du fait que ces remarques ne concernent jamais d'autres artistes disparus, pourquoi vouloir salir la démarche ? L'argent ainsi récolté ne va pas dans nos poches. Leslie a trouvé les mots justes dans un reportage diffusé après le biopic : « Je crois que ces gens n'ont pas compris le sens de l'histoire, je suis convaincue que mon frère est en paix quand il voit les bienfaits apportés par l'association. Ressasser tout ça est difficile, alors peut-être qu'au fond, c'est nous que nous ne laissons pas en paix. »

*

* *

Comment allions-nous appréhender le 30 avril 2017, dix ans après le décès de Grégory… Cela nous inquiétait beaucoup depuis quelques temps, comme une barrière psychologique à franchir. Il fallait transformer cette épreuve en positif et, ce jour-là, transmettre un message fort. Il était probable qu'une chaîne de télévision nous proposerait un reportage retraçant la vie de Grégory, mais cela avait déjà été fait à plusieurs reprises, sans nous, et nous avions envie de prendre la parole autrement. C'est pourquoi nous avons accepté dès 2016 la proposition de notre ami et collaborateur Marc Teynier de nous présenter une auteure de documentaires, Anne Peregrini. Ensemble, ils nous ont soumis un angle qui nous a immédiatement séduits : faire comprendre la mucoviscidose à travers le quotidien de quatre patients, à quatre stades de la progression de la maladie, en gardant en parallèle la vie de Grégory à ces quatre mêmes âges. L'idée était simple : les « mucos » d'aujourd'hui, c'était Grégory hier. Nous l'avons en premier proposé à TF1, qui a rapidement manifesté son intérêt.

Anne et Marc voulaient que Leslie, Pierre et moi allions puiser au fond de nous les souvenirs, pour coller aux émotions de l'époque, être les plus honnêtes et sincères possibles pour raconter la vérité d'une famille comme la nôtre. Alors nous avons passé des jours, des soirées, à discuter, regarder des photos et remonter le temps. Cela a été pour moi presque comme une psychothérapie, douloureuse, mais qui m'a permis d'avancer, je m'en rendrai compte plus tard. Afin d'écrire le film, ils ont aussi visionné les interventions publiques de Grégory, ont fouillé dans des dizaines d'heures de vidéos inédites, ont interviewé nos proches, des patients, des bénévoles. Puis ils ont pris contact avec Bruno Tocaben, un ami de Nikos, pour lui demander de coréaliser avec eux ce quatre-vingt-dix minutes intitulé *Sous son regard – le combat continue*, comme une prolongation du livre. Nous ne savions pas vraiment dans quoi nous nous embarquions. Tous les trois allaient nous suivre pendant un an, dans les hôpitaux, dans un lycée auprès des jeunes avec Pierre, sur des concerts et des manifestations de collecte de fonds, et chez nous en Savoie…

Nos quatre témoins ont été admirables de courage, de pudeur et d'abnégation. Linda a raconté comment le ciel lui était tombé sur la tête quand elle avait appris à la naissance que sa petite Chloé, un vrai soleil, était atteinte de mucoviscidose. En un regard, toutes les deux, nous nous étions reconnues. Sacha, treize ans, a expliqué avec beaucoup de calme et de maturité la rage et la colère qui l'animaient face à la lourdeur des soins au quotidiens. Jérémy, vingt-sept ans, nous a bouleversés en confiant combien il était difficile de se projeter dans l'avenir quand on est atteint d'une maladie mortelle. Ses mots exacts sont gravés dans ma mémoire : « Pour moi, à vingt-cinq ans, je ne serais plus là. Il fallait que je profite avant. Il n'y avait pas de raison que je m'embête à aller à l'école, je n'avais pas à penser à la retraite, à la vie de famille parce que je n'en aurais pas. Pour moi, je n'avais pas à penser à tout ça, et je n'en avais pas envie, surtout. Il m'a fallu du temps, mais maintenant je sais de quoi j'ai envie, et c'est tout le contraire en fait. » Par ce discours, Jérémy nous montrait que l'espoir se diffusait chez les patients, et je l'entendais de cette façon, aussi franche et déterminée, pour la première fois.

Enfin il y a Cécile, trente-huit ans, en attente de la transplantation pulmonaire qui seule pouvait lui sauver la vie. Quand je suis entrée dans sa chambre d'hôpital, à Rennes, pour faire sa connaissance, je l'ai trouvée assise sur son lit, souriante, pétillante, si belle malgré les tuyaux d'oxygène. Elle m'a parue… incroyable. Elle m'a raconté sa vie, d'une petite voix – elle venait de se casser une côte en toussant –, son métier d'avant, la maison qu'ils venaient de trouver avec son mari, l'attente et l'angoisse face à la greffe et son plus grand rêve : avoir à nouveau l'énergie et le souffle pour monter ses escaliers et dire bonne nuit à son petit garçon, le soir, avant de dormir. Quelle force de caractère, quelle force de vie ! J'avais peur pour elle, pour sa famille, mais quelques semaines plus tard, quel bonheur ! Cécile a été greffée. Dans le documentaire, on la voit monter les escaliers vers son fils…

Programmé dans la case *Grands reportages* du dimanche après-midi sur TF1, le 30 avril donc, ce documentaire a été vu par trois millions de téléspectateurs. Nous avons reçu bien des messages suite à sa diffusion. Sur Grégory, évidemment, mais aussi sur le formidable espoir qui s'en dégageait, et sur la prise de conscience de la réalité de la mucoviscidose. C'est un point particulièrement important, parce que l'équilibre est toujours délicat à trouver : comment faire comprendre la gravité d'une maladie qui ne se voit pas, et comment marquer les esprits sur sa mortalité sans avoir des effets dévastateurs sur les principaux concernés… Je me souviens, aux débuts de l'association, avoir vu, notamment à l'étranger, des communications chocs pour le grand public, mais extrêmement violentes pour les familles. Après la diffusion du documentaire, des familles, a contrario, nous on écrit pour nous témoigner qu'elles y avaient reconnu leurs propres parcours. Nombre de donateurs et de membres de l'association nous ont aussi fait part de leur fierté de contribuer à notre combat. Mission accomplie. Après le prime en direct sur TF1 puis ce documentaire, nous pouvions passer à un aspect plus « festif » de cette année 2017.

*

* *

Nous n'avions pas envie de « fêter » les dix ans de la disparition de Grégory. Rien, dans cet anniversaire, n'appelle à la joie. En revanche, nous n'avons eu aucune hésitation à célébrer les dix ans de l'Association Grégory Lemarchal. Et qu'est-ce que cela nous a fait du bien ! Une soirée de sourires, d'émotion, de partage, d'élan vers l'avenir. Nous sommes au début du mois de juin, il fait beau, et nous préparons ce *Concert entre amis* depuis un an. Toute l'association est mobilisée, les partenaires sont une nouvelle fois au rendez-vous. Nous avions marqué les cinq ans à l'Olympia, salle mythique et lourde de sens pour Grégory, nous sommes à présent chez nous, à Chambéry, siège de l'association. Vraie preuve d'amitié, suffisamment rare pour qu'on s'y attarde : c'est TS3, la société de production de spectacle de Thierry Suc, qui joue à nouveau les chefs d'orchestre, et les cinq musiciens de Grégory, Frédéric Renaudin en tête, assurent toujours le live. Tous bénévoles, artistes compris. Sans eux, pas de show, pas de fête, pas de rêves. Enfin, Olivier Ottin, le manager de Grégory, notre ami, et vice-président de l'association jusqu'à très récemment, en a pris la direction artistique. Depuis le début de notre aventure, Olivier a tellement fait pour nous de manière active, pour l'aspect artistique et médiatique entre autres ! Il reste membre d'honneur de l'association qui porte le nom de son poto, et dans notre cœur pour toujours.

Le Phare de Chambéry est complet. Le spectacle va commencer. La salle plonge dans le noir, quatre mille personnes se mettent à crier. Et soudain, la voix de Grégory remplit l'espace. Et seulement sa voix. A capella, il chante *À corps perdu* et enveloppe cette soirée de toute sa présence. Dans les coulisses, alors que jusque-là l'ambiance était plutôt potache, les regards se croisent, émus, concentrés, une vague de chaleur se répand. Tous les artistes montent sur scène pour entonner *Écris l'histoire*.

Les fidèles sont là. Ce soir Nikos est maître de cérémonie et chanteur. Karine nous offre un clin d'œil à l'émission *Danse avec les stars* à laquelle elle a participé en venant danser avec son compère Yann-Alrick qui, c'est fou quand on y pense, a dans sa jeunesse fréquenté le Mambo rock, la même école de danse que Grégory. Patrick Fiori, Julie Zenatti, Yvan Cassar, Michael Jones et Mickaël Miro mettent le feu ; Davide Esposito et Katia Landréas, la parolière d'*Écris l'histoire*, nous offrent un joli moment de douceur ; Jérémy Chapron et Mosimann, deux anciens de la Star Ac' 7, sont venus par amitié. Jérémy est devenu entre autres directeur musical des Kids United et proche du combat contre la maladie. Quant à Quentin, c'est un DJ reconnu internationalement et un sacré compositeur, qui joue régulièrement pour l'association ; les anciens camarades de Grégory à la Star Academy mériteraient un chapitre à eux tous seuls, tellement ils sont présents depuis quatorze ans ; autre moment touchant, quand Cyril et Djino, deux jeunes atteints de mucoviscidose, passionnés de chanson, viennent reprendre *J'espère que tu vas bien* de Patrick Fiori. Quel symbole…

Nous sommes conscients de la chance que nous avons de pouvoir compter sur ces artistes-là, après toutes ces années. Les gens pensent souvent que, parce que Grégory était connu, nous avons nos « entrées » partout. Il arrive que l'on nous demande de venir accompagné d'un artiste pour une manifestation organisée au profit de l'association, et que parfois cette aide soit même, de façon plus ou moins sous-entendue, conditionnée à leur présence en tant que parrain ou marraine. Est-ce que Nolwenn Leroy peut venir à mon concours de belote ? Pas de problème, on s'en occupe… Plus sérieusement, comme toute association nous essuyons parfois des refus, rien n'est acquis, rien ne nous est dû et, franchement, nous le comprenons : les artistes sont tant sollicités qu'ils pourraient chanter gratuitement pour une bonne cause tous les jours.

À tous ces fidèles se sont ajoutés avec le temps de belles rencontres. Ce soir-là, Vincent Niclo est venu interpréter *À corps perdu* à notre demande. L'histoire est jolie. La première fois qu'il l'a chantée, c'était pour les besoins du prime de 2014 et je dois avouer que, sur le papier, je n'étais pas convaincue, non pas à cause de lui mais parce que cette chanson ne pouvait être reprise par quelqu'un d'autre que mon fils. Lorsque nous étions arrivés avec Pierre au Zénith de Paris pour les répétitions, Vincent était sur scène. Il ne nous avait pas vus nous installer sur les gradins et l'écouter. À la fin de la chanson, il pleurait, submergé par l'émotion, et nous aussi… Il l'a par la suite enregistrée sur un de ses albums, et répond présent lorsque nous l'invitons.

Avec Slimane, c'est encore une histoire d'émotion. Nous avons eu un immense coup de cœur en l'entendant lors de son audition à l'aveugle pour *The Voice*, en 2016. Comme beaucoup, certes, mais nous avons presque tout de suite contacté son manager Mickaël Miro pour les inviter à venir chanter tous les deux, et avec Patrick Fiori, moins de deux mois plus tard. Slimane a remporté *The Voice*, et ils sont venus malgré le tourbillon médiatique. Au-delà du talent immense, nous avons découvert un garçon humble, sensible, attentionné. Il nous avait confié que, pour lui, Grégory était « un vrai bonhomme », qu'il se retrouvait dans les valeurs qu'il défendait et pas que pour les gens qui souffrent d'une maladie. Il se souvenait aussi de la première apparition de Greg à la Star Ac' sur *Tous les cris les SOS*, et de son rêve, à lui, d'être à sa place, des étoiles plein les yeux. Grégory aurait adoré Slimane. C'est dire que nous étions heureux de le voir revenir parmi nous pour nos dix ans au Phare.

Enfin, comment décrire la gentillesse de Soprano… C'est Patrick qui nous a présentés. Ou plutôt, Patrick lui a demandé s'il voulait bien faire quelque chose pour nous et Soprano a répondu « tout ce que tu veux ». Alors il nous a aidés pour la promotion d'une manifestation importante à nos yeux, puis s'est libéré pour le *Concert entre amis* des 10 ans. Le Phare était en transe, chantant, dansant, sautant… Et il nous a émus, tous, et peut-être Leslie, Pierre et moi un peu plus, en reprenant a capella, seul dans un rayon de lumière, les mots de la chanson *Enfants soldats* qu'il avait écrits sur Grégory quelques années plus tôt, avec son groupe Les Psy 4 de la Rime : « *Il portait un sourire à en faire envier un ange / Le premier à donner quand nos cœurs faisaient la manche / Il avait les mots qui savaient éponger nos larmes / Il dessinait un nez rouge sur le visage de son drame / Lui qui n'a connu que l'hôpital et les urgences / Il a dû pour son rêve, aménager sa souffrance / Ce rêve de chanter devant des milliers de personnes / Dieu merci il l'a vécu, avant que son heure sonne / Mais pour ça, il en a bouffé des castings / Pas facile avec les antibiotiques de chanter comme Sting / Mais quand résonnait sa voix, la détresse de ce terrien ressuscitait Balavoine / Beaucoup se battent malgré leur handicap / Je rends hommage à tous ces héros sans cape / Même si la mort a toujours le dernier mot / La vie est une bataille, et t'es parti en héros ».* Merci Soprano. Ce nez rouge, c'est celui que portent des dizaines d'enfants atteints de mucoviscidose pour dire à la maladie qu'elle ne les empêchera pas de vivre.

Enfin, cette journée du 9 juin 2017 a été rendue plus belle encore par un événement plus personnel. Grégory n'a pas connu le Phare, qui n'était pas encore ouvert à son époque, mais c'est devenu un lieu important pour les artistes de passage en Savoie. Alors quand la municipalité a proposé de baptiser le grand espace devant son entrée « Esplanade Grégory Lemarchal », nous avons été très sensibles à cette reconnaissance. Nous avons dévoilé la plaque avec les autorités devant la presse, l'après-midi même du concert. Nous nous tenions là, sous le soleil, avec Pierre et Leslie. J'ai regardé ma fille, enceinte, resplendissante.

Leslie

Toi, l'artiste, avec ta générosité, ta sensibilité,
Tu as montré que la volonté est plus forte que tout.
Ici-bas, sache que ton exemple de vie nous guidera toujours…
Tu es notre force, notre lumière à jamais.
Je t'aime à l'infini.

Ta petite sœur,

Leslie Lemarchal

Leslie enceinte… Chez toute famille concernée par une maladie génétique, avant la joie d'être parent, on connaît l'inquiétude de savoir si l'on est porteur ou non du gène responsable, et si l'on peut donc le transmettre à son enfant. On peut comprendre que la mucoviscidose étant mortelle, l'inquiétude soit décuplée. Leslie n'a pas dérogé à la règle. Avant de se lancer dans l'aventure de la maternité, elle a tout naturellement effectué un test génétique. Nous savions qu'elle n'avait pas développé la mucoviscidose, restait donc deux possibilités : soit elle n'était pas porteuse du tout du gène défectueux ; soit elle en était porteuse saine, auquel cas son compagnon Anthony aurait dû, lui aussi, passer ce test, car la maladie ne peut advenir que lorsque les deux parents transmettent chacun un gène responsable.

Il se passe un mois entre la prise de sang et les résultats. Un mois d'attente, qui n'engage pas seulement la perception de l'avenir mais également la façon de revisiter le passé. Comment expliquer cela… Au fond d'elle-même, Leslie était convaincue de porter en elle ce gène. Statistiquement, elle n'avait qu'une chance sur quatre d'être saine et non porteuse, contre deux risques sur quatre d'en être porteuse. Alors quand elle apprit qu'elle ne l'était pas du tout, ce fut pour elle à la fois une joie immense et un choc. Comme si être soudainement détachée pour toujours de la mucoviscidose dans son futur signifiait par la même occasion une scission avec ses deux parents et son frère, qui eux en portaient le gène. Moi, quand elle nous l'a annoncé, j'ai vidé toutes mes larmes de soulagement, mais je sais qu'elle s'est tout de même demandé « pourquoi moi ? » Elle avait hérité de deux « bons » gènes, et Greg de deux gènes « anormaux », et se mettait à notre place face à ces deux destins opposés. Ce déchirement intime, des milliers de fratrie doivent le ressentir, bien au-delà de la mucoviscidose. C'est la loi de la génétique, on ne peut rien y faire, juste comprendre avec le temps que l'on n'est pas coupable.

Ce n'est que quelques mois plus tard que Leslie et Anthony nous ont annoncé la nouvelle. Nous rentrions de Paris, ils étaient venus nous chercher à la gare d'Aix-les-Bains. Leslie nous a tendu un paquet cadeau : « Ouvrez, c'est pour vous. Maman, tu ne pleures pas… » Je ne comprenais pas du tout ce qui pourrait me faire pleurer, j'étais seulement surprise. À l'intérieur, nous découvrions une échographie et des chaussons de bébé. Tant pis pour Leslie, j'ai pleuré tout ce que je pouvais, submergée d'un bonheur et d'un amour infini, pour elle, pour Anthony, pour notre famille. Pierre riait. « Et voilà, elle pleure ! » Mais à la brillance de ses yeux, à la pression de sa main dans la mienne, j'ai bien compris l'émotion qui étreignait sa poitrine.

*
* *

Je l'ai évoqué rapidement à la sortie du livre en 2009, Leslie n'a jamais ressenti ni culpabilité ni jalousie vis-à-vis de Grégory. Au contraire, elle aurait tout fait pour son frère, jusqu'à lui donner un poumon pour qu'il reste avec nous si elle avait pu. Elle ne semble pas non plus avoir souffert de sa médiatisation, exception faite pendant la Star Ac' des coups de fil anonymes de deux jeunes filles qui lui disaient que Greg allait mourir et ne serait pas là pour son mariage… Elle tremblait pour son frère quand il n'allait pas bien, la nuit quand elle l'entendait partir en quinte de toux elle retenait son souffle avec lui, ayant hâte que ça s'arrête, la maladie faisait partie de notre quotidien, mais nous n'en parlions pas et l'affrontions tous ensemble. Nous formions, je l'ai dit, un carré d'as indestructible. Et c'est bien la seule chose que nous n'ayons pas assez retranscrite dans le biopic diffusé sur TF1.

Je dis « nous » parce que c'est notre responsabilité, à Pierre et à moi, de ne pas avoir assez prêté attention à l'incarnation de Leslie dans *Pourquoi je vis*. Nous étions focalisés sur la représentation de la mucoviscidose, de l'état d'esprit de Grégory, et nous n'avons pas vu, ni à la lecture du scenario, ni pendant le tournage, que la notion de fratrie dans sa globalité avait presque disparu avec son personnage. Avec le recul, on y voit une jeune fille effacée, presque détachée, concentrée sur sa propre vie même lorsque son frère rentre en toussant d'un tour de vélo, ou que plus tard il est sous perfusion, alors que la vraie Leslie arrêtait tout dès qu'elle sentait que son frère n'allait pas bien. Elle était discrète en public, c'est vrai, comme dans les coulisses de la Star Academy, mais prenait toute sa place au sein du cocon familial et n'était pas du tout silencieuse. Si je le dis aujourd'hui, ce n'est pas pour réparer une injustice faite à ma fille, et cela ne remet pas en cause notre approbation de ce biopic, mais parce que Leslie elle-même s'est interrogée sur l'impact que cela pouvait avoir sur la perception de la place des frères et sœurs dans les familles touchées par une pathologie grave. Il ne faut jamais négliger les conséquences pour l'enfant qui est en bonne santé. Ils ont le même sang, alors ils partagent les souffrances, différemment, mais cela a forcément des répercussions sérieuses sur leur vie, leur façon d'être, leur confiance en eux, leurs ambitions et leur relation aux autres. Concentrés sur l'enfant malade, les parents ne s'en rendent pas toujours compte.

Le jour où Grégory est parti, le 30 avril 2007, je n'ai pensé qu'à Leslie, qu'à sa douleur, pas à la mienne. Son frère venait de mourir, là, de l'autre côté du mur, elle n'avait que dix-neuf ans, elle n'était qu'au début de sa vie, il fallait qu'on tienne le coup pour elle, je devais lui montrer mon amour et la protéger, de toutes les forces qu'il me restait, je n'avais pas le droit de me laisser aller, pour elle, pour qu'elle ne sombre pas. Elle avait sa vie à construire.

Quand elle a perdu son frère, Leslie était en classe préparatoire aux écoles de commerce, avec tout le travail et l'investissement que cela suppose. Alors forcément, devant le drame qu'elle venait de vivre, quel sens donner au départ de Greg et à ce qu'elle était en train de faire ? Elle n'avait envie que de famille, tout le reste paraissait bien dérisoire. Pourquoi travailler sept jours sur sept, pour quel projet de vie ? Parallèlement, nous avions créé l'association, et c'est sûrement en s'y investissant beaucoup qu'elle a commencé à trouver des réponses. Elle a donc concilié brillamment ses études et notre combat. Quelques années ont passé et, c'était aussi inévitable que souhaitable, elle a ressenti le besoin de prendre l'air, de se construire en marge de tout ça et de se détacher de nous, de devenir une femme. La chanson *Je deviens moi* de son frère lui allait bien… Cela n'a pas été facile pour moi, je l'avoue. Elle avait rencontré l'amour et partait, certes pas bien loin, mais nous étions fusionnelles, et plus je la surprotégeais plus elle se rebellait, tout en s'en sentant coupable. Il faut dire que nous ne devions pas être faciles à vivre pour elle, engagés vingt-quatre heures sur vingt-quatre pour l'association, toutes nos conversations tournaient autour de ce que nous devions faire. Je crois que notre incapacité à nous arrêter l'inquiétait. J'ai, en quatorze ans maintenant, reconnu la même dynamique dans d'autres familles touchées par la mucoviscidose. Ce n'est parfois pas facile pour les enfants de trouver leur équilibre avec un ou les deux parents corps et âme dédiés à affronter la maladie, même si bien sûr c'est par amour. On a beau savoir qu'il faut y être vigilant, on se laisse souvent déborder.

Leslie a trouvé sa voie professionnelle dans le domaine de la promotion immobilière et s'y est épanouie, dans notre région. Nous avons une grande admiration pour la femme de trente-trois ans qu'elle est devenue. Elle nous montre une force de caractère incroyable, a pour ligne de conduite de ne jamais se plaindre et est dotée d'une grande intelligence émotionnelle. C'était d'ailleurs le sujet de son mémoire de fin d'études : l'intelligence émotionnelle dans les entreprises. Et puis si elle se montre toujours très positive et tolérante, je vois bien qu'elle brûle du même feu intérieur. Sauf que, contrairement à moi, elle sait le contrôler… J'aime la sentir heureuse dans sa vie et dans le joli couple qu'elle forme avec Anthony. Lui aussi est très calme, c'est mieux quand on débarque dans cette famille ! Il a su s'investir dans l'association, et je crois que c'était important pour Leslie, pour qu'il puisse mieux comprendre son vécu, et le nôtre. Au quotidien, c'est un jeune homme gai, drôle, curieux, épris d'oiseaux et de nature, un garçon qui fait du bien. Et puis il s'est révélé être un « vrai père », comme j'en ai peu connu ! Je le dis souvent à Paul : « Tu as une grande chance, tu as de bons parents… »

Paul est arrivé dans leur vie en juillet 2017. C'est un enfant de rêve, c'est l'innocence, la pureté, la gaieté. Tous les jours de ma semaine sont consacrés à l'association, sauf le mercredi. Ce jour-là, je suis avec Paul, le monde peut s'écrouler. Paul, c'est le retour de la joie pure, c'est un sapin qui s'était éteint en 2007 et rallumé dix ans plus tard. Nous ne pouvions plus célébrer de fêtes de famille, c'était trop douloureux pour moi. Mais nous ne pouvions pas montrer à Paul un papy et une mamie tristes, il fallait ramener la lumière et les sourires du cœur. Paul ne remplace pas Grégory, il ne comble rien. Au contraire, célébrer Noël à nouveau, c'est donner à Paul toute sa place dans notre famille. Nous ne lui parlons d'ailleurs pas de Grégory. Un jour, il a simplement demandé à Leslie pourquoi il ne pouvait pas le voir, alors elle a dû trouver les mots pour dire que son oncle était parti au ciel, expliquer la maladie sans lui faire peur, sans nourrir d'angoisses, le rassurer en lui disant que sa maman, elle, n'était pas malade. Voilà, je crois que c'est intégré. Il apprendra plus tard qui était Grégory Lemarchal.

Je suis aussi heureuse que Paul ait connu papy Roland, son arrière-grand-père, et que papa ait connu Paul avant de partir, lui aussi, à l'été 2020. Mon père vivait avec nous depuis le décès de ma maman en 2005. Il s'est impliqué pendant des années pour nous aider. Papa allait chercher le courrier à la poste, ouvrait, classait… À Aix-les-Bains, tout le monde savait que c'était le grand-père de Grégory. Il en était fier, et le montrait. Pierre éprouvait tendresse et admiration pour ses beaux-parents. Il disait souvent que si nos gamins étaient devenus ce qu'ils sont, c'était aussi grâce à eux. Sans lui, sans maman, sans Greg, la maison de Sonnaz nous semble maintenant bien vide.

*

* *

Leslie est cofondatrice de l'association. Nous avons toujours voulu la préserver des affaires courantes pour qu'elle vive sa vie, mais bien sûr elle en savait tout, siégeait au conseil d'administration, et les grandes décisions ont été prises avec elle. Nous la savions investie, mais nous ne nous attendions pas du tout à ce qui allait se passer, en milieu d'année 2019. Le projet de Maison Grégory Lemarchal avait bien démarré, mais le chantier avait pris du retard, nous avions lancé les consultations avec des patients et des soignants de toute la France pour définir les besoins précis et les règles d'accueil, mais il restait à tout préciser en termes de contenu et d'ateliers d'accompagnement, sans parler des démarches auprès des partenaires et des autorités de santé. Les membres du conseil d'administration nous aidaient, Leslie faisait ce qu'elle pouvait jusque tard le soir après son travail, mais nous étions dans l'obligation d'accélérer et je ne voyais pas comment faire.

C'est Leslie qui d'elle-même est venue nous proposer une solution : « Je vois bien que l'on peut avancer plus vite, et j'ai envie de m'engager davantage, d'être utile. Sur l'aspect chantier, je peux apporter mon expertise de ces dernières années en construction immobilière et protéger l'association de certaines dérives habituelles. Quant au volet développement de projet, j'amène autant de compétences que je peux en acquérir. J'arrive aussi au bout d'un cycle chez mon employeur actuel, alors je vous propose de venir travailler avec vous. Maman, ne t'emballe pas, je parle d'un temps donné et de mener ce projet à bien, je ne me projette pas plus que ça. »

En fait, elle nous proposait de reprendre les rênes de la Maison, avec nous et le conseil d'administration. Avec Pierre, devinez quoi, nous en avons eu les larmes aux yeux… J'ai eu l'impression de revivre la scène de Grégory posant ses conditions avec détermination devant Alexia Laroche-Joubert pour faire la Star Ac'. J'ai toujours été fière de Leslie, mais j'étais impressionnée, et je le suis encore plus chaque jour que je travaille avec elle, par ses facultés d'analyse, d'organisation et de délégation de compétences, par sa compréhension de ses interlocuteurs.

Pierre dit qu'en ce moment, c'est elle son moteur, et qu'à la fois on se repose souvent sur ses épaules. Il ne sait pas si elle en a conscience. Moi, je vois bien qu'elle prend pourtant garde de ne pas tout mélanger au risque de se perdre complètement dans l'association, nuit et jour. C'est un tel bonheur de la voir avec nous. L'autre jour, je confiais à un ami que j'espérais que les gens ne penseraient pas que seul son nom justifie son travail. Ce serait tellement injuste. Il m'a répondu : « C'est un emploi fictif ? Non ? Alors arrête de te prendre la tête ! En France, on fait confiance aux artisans « de père en fils », on trouve normal que des enfants reprennent le flambeau d'entreprises ou de grands groupes industriels parce qu'ils ont baigné dedans, on apprécie les valeurs de famille et de transmission, et ce ne serait pas valable pour vous ? Grégory était connu, ce n'est pas un fardeau mais une chance, qui continue de vous inspirer. Et puis tout ce dont Leslie hérite avec ce projet de Maison, c'est des ennuis, merci les parents… »

Dans le documentaire *Sous son regard*, Leslie expliquait ce que son frère lui avait laissé : « Ce qu'il m'a transmis, ça m'aide énormément au quotidien pour y aller, dans sa même énergie. Quand il est parti, j'ai continué grâce à ce qu'il m'avait montré toute sa vie, ce qui m'a nourrie depuis toujours, aller au bout des choses. Ce que Grégory m'a laissé, c'est l'énergie d'avancer. »

Vient le temps

Vient le temps des questions
S'invitant sans raison
Vient le temps des décisions
Que tu prends toujours avec passion

Tu as beau traîner la jambe souvent
Se dire que ça va mettre du temps
Tu sortiras toujours la tête de l'eau
Avec tes tripes sans le moindre mot

On a tous à grandir de soi
Aller plus loin que ce qu'on croit…

Grégory Lemarchal

C'était au petit-déjeuner. J'ai regardé Pierre et lui ai lancé : « Et si on créait une maison d'accueil pour les "mucos" ? » Il a pris cette tête que je lui connais bien dans ces cas-là, mi-effaré, mi-amusé, l'air de penser « C'est ça, oui, elle a disjoncté… » Cela m'était venu comme ça, et comme d'habitude il fallait que je lui en parle immédiatement. À cet instant, pourtant, le costume paraissait un peu grand pour nos épaules. Nous étions dans le courant de l'année 2013, l'association n'avait pas encore six ans, notre équipe était encore plus réduite qu'aujourd'hui et, surtout, à notre connaissance cela n'existait pas. Nous n'avions donc aucun référentiel. Seulement voilà, je passais mon temps à dire aux équipes soignantes dans les hôpitaux « imaginez un service idéal pour vos patients, ne pensez pas aux contraintes », alors je n'allais tout de même pas, moi, m'autocensurer !

Avant d'aller plus loin, il nous fallait faire quelques recherches et vérifier si ce type de structures avait vu le jour dans d'autres pays. Le modèle le plus approchant et le seul que j'aie trouvé était une maison à Montréal, au Canada, conçue pour recevoir des patients en attente de greffe, toutes pathologies confondues, et pour des séjours longs. Il faut dire qu'au Canada les distances peuvent être très grandes entre les centres de greffe et le lieu de vie des patients, qu'ils attendent parfois plusieurs mois l'opération, et doivent rester sur place longtemps après pour un suivi. Quand un greffon se présente, on sait bien que chaque minute est précieuse, et que les suites de l'opération demandent une surveillance régulière. Je connaissais moi-même la problématique, car il nous arrivait à l'époque de louer des appartements à Paris pour loger des familles dont l'enfant était en attente de greffe pulmonaire, notamment originaires de La Réunion, pour des périodes d'environ un an. C'est avec ces quelques éléments de réponse, et notre fougue en bandoulière, que nous sommes allés présenter notre embryon d'idée au conseil d'administration. Qui l'a accueillie avec, comment dire, circonspection… Je savais que le projet n'était pas simple, mais les médecins, infirmiers ou kinés de notre conseil d'administration sont des spécialistes de la mucoviscidose, et ils ont tout de suite projeté ce que cela pouvait engendrer comme complexité. Et, en premier lieu, la difficulté de s'assurer de la sécurité des patients quant aux risques de transmission entre eux de germes infectieux. Même si on est rompus aux gestes barrière depuis longtemps, on ne réunit pas comme ça, dans un lieu de vie hors de l'hôpital, des patients atteints de mucoviscidose. Néanmoins, l'opportunité d'améliorer la qualité de vie de ces patients sautait aux yeux de tout le monde, surtout pour les jeunes adultes.

La qualité de vie, cela dépasse largement les soins, et le poids de la maladie ne se fait pas sentir au quotidien uniquement sur le corps, ce que la société a du mal à appréhender. Je ne donnerai que deux exemples des conséquences sociales d'une maladie chronique comme la mucoviscidose. La prise en charge par la Sécurité sociale des indemnités journalières en cas d'arrêt de travail peut poser problème. Il arrive en effet que des patients arrivent en fin de droits à indemnités et ne touchent rien le temps de leur arrêt, pourtant justifié par la maladie qui les astreint à des soins à domicile ou à l'hôpital de plus en plus fréquents avec l'évolution de la pathologie. Cela concerne le plus souvent les patients atteints de surinfection pulmonaire, mais il ne faut pas oublier les atteintes digestives qui entraînent diarrhées, douleurs abdominales, sensations de mal-être et possibles occlusions intestinales rendant difficile la vie de tous les jours, mais aussi dans un pourcentage moindre des poussées inflammatoires du pancréas, ou pancréatites, extrêmement douloureuses. Et dans ces cas-là, impossible d'exercer la moindre activité. Par ailleurs, il existe en France une Allocation aux adultes handicapés (AAH), censée leur garantir un minimum de revenus. Cette aide de l'État est bien évidemment conditionnée à un degré d'incapacité et à des critères de ressources. Sauf qu'il existe un tas de maladies incapacitantes dont le handicap n'est pas visible. Comme la mucoviscidose. Quand vous n'êtes pas déficient intellectuel, visuel, auditif ou moteur, vous ne nécessitez pas la présence d'une tierce personne aidante, les raisons objectives de restriction à l'emploi sont souvent mal évaluées, sans compter que les critères d'attribution varient selon les départements. Allez comprendre où il vaut mieux habiter ! La maladie ne disparaît quand on change de département ! C'est scandaleux ! Pour ajouter à l'injustice, au moment où j'écris, et depuis des années, ce sont les ressources du foyer dans son ensemble qui sont prises en compte pour l'obtention de l'AAH. Ce qui signifie que si vous souffrez d'une maladie chronique invalidante et que votre conjoint gagne ne fut-ce que décemment sa vie, votre AAH est modulée à la baisse voire supprimée. Ce qui ne laisse aux patients que deux possibilités : dépendre financièrement de leur conjoint et entraîner un rapport déséquilibrant dans le couple pouvant mener à la rupture ; renoncer à se marier, ou ne pas déclarer une vie commune et se placer dans l'illégalité. C'est absurde. Encore une fois, le but pour les jeunes atteints de mucoviscidose n'est pas de dépendre d'une aide sociale mais de pouvoir accéder à un emploi adapté à leurs envies et capacités, et en vivre dignement. Et ça, c'est bien un des buts de la Maison Grégory Lemarchal.

Si le conseil d'administration n'avait pas manifesté son intérêt pour ce projet de maison d'accueil, nous n'aurions pas insisté. Mais il a trouvé écho dans une réalité bien décrite par nos médecins Dominique Grenet et Marc Stern, et confirmée par le vécu d'Eva Perrin et par d'autres patients avec qui je m'étais entretenue. Tous les trois nous ont longuement relaté le désarroi, parfois la dépression, qui s'emparaient de patients tous juste greffés. Avec de nouveaux poumons, ils respirent comme vous et moi pour la première fois depuis tellement longtemps. Quand la greffe se passe bien, plus d'aérosols, de kiné, de cures d'antibiotiques, la maladie semble du jour au lendemain avoir disparue, mais rien ne la remplace. Éva le dit très bien, c'est comme un tsunami : « Que faire de cette renaissance qui t'est offerte ? J'étais perdue. Enfermée par la maladie dans le moment présent, je n'avais pas été habituée à réfléchir à un métier, à penser mon avenir. »

Pour nous, il devenait évident que nous étions là dans la continuité du cap pris dès la création de l'association. Sauver des vies. Changer des vies.

Je l'écrivais déjà en 2009, et les années qui ont suivi n'ont fait qu'amplifier notre engagement dans le financement de la recherche, notamment en partenariat avec l'association Vaincre la mucoviscidose. Entre 2008 et 2020, nous avons ainsi soutenu conjointement, et avec des résultats probants, plus de 60 projets autour de la transplantation pulmonaire, et plus de 130 sur les infections, responsables de la détérioration progressive des bronches qui aboutit à l'état d'insuffisance respiratoire terminal et à la mort. Nous avons indépendamment, dès 2015, pris la décision de lancer nos propres appels à projets de recherche innovants dans le domaine des sciences humaines et sociales, qui remettent l'humain au centre des préoccupations, et mobilisent des personnels dont l'activité de recherche était inexistante ou très peu encouragée : les psychologues, infirmières, kinésithérapeutes, socio-esthéticiennes, spécialistes de l'éthique médicale… Pour piloter ces projets, nous avons créé un comité d'étude et d'évaluation au sein du conseil d'administration. À la fin de l'année 2020, nous avions globalement engagé près de sept millions d'euros dans la recherche, ce qui est beaucoup pour notre association. La transplantation, la prévention des infections, la prise en compte de l'humain… C'est comme si tous nos efforts nous menaient à la Maison Grégory Lemarchal.

*
* *

En 2015, nous avons confié à une consultante, spécialiste en maladies chroniques et activités sportives adaptées, le soin de réaliser une étude portant sur « l'après greffe pulmonaire et les besoins des patients greffés », en interviewant une trentaine de ces patients en France. Parallèlement, nous

nous sommes mis en quête d'une habitation, dans l'ouest parisien car nous souhaitions dès le départ nous implanter près des grands centres de greffe que sont l'hôpital Foch et, à l'époque, l'hôpital européen Georges-Pompidou situé dans le 15e arrondissement de la capitale. Nous avons visité des maisons à Suresnes, Paris, Boulogne-Billancourt, sans avoir de coup de cœur. C'était souvent cher, très beau à habiter mais inadapté à nos besoins. Cela nous a surtout permis de mieux définir nos attentes. Et puis un matin, Mickaël Landreau nous a téléphoné. Il avait fait le tour de ses connaissances : « Laurence, ne cherchez plus, j'ai trouvé votre terrain pour la maison ! »

Et il avait raison. C'était parfait. Un grand terrain avec une maison sur deux étages à rénover, et suffisamment de place pour ériger un autre bâtiment et laisser un jardin. C'était à Rueil-Malmaison, à deux pas de Foch, et bien desservi par les transports en commun. Et puis, ce ne peut être un hasard, Grégory a vécu quelques temps à Rueil-Malmaison. Le temps de trouver un premier architecte pour évaluer le potentiel de l'endroit, et faire quelques plans, nous avons avec le conseil d'administration décidé de présenter le projet à l'approbation des membres de l'Association Grégory Lemarchal lors de son assemblée générale de juin 2016. Dans la grande salle du Centre des congrès d'Aix-les-Bains, je me sens un peu fébrile. Bien sûr il n'y a ici que des gens qui nous veulent du bien et nous font confiance, mais l'association appartient à ses membres et seule leur décision est valable à la fin. Alors nous avons intérêt à être clairs et convaincants de l'intérêt d'un investissement aussi important. À la fin de la séance, Pierre, en tant que président de l'Association Grégory Lermarchal, appelle au vote : « Qui est pour l'achat du terrain de Rueil-Malmaison et la construction de la Maison Grégory Lemarchal ? » Toute la salle a levé la main et s'est levée pour applaudir longuement… Devinez quoi… J'ai pleuré…

Nous avons signé l'acte d'achat en décembre 2016, quelques semaines avant le prime time sur TF1 où nous avons présenté au public pour la première fois le projet. Chaque fois que nous pensons à la maison, nous revivons cette soirée et l'élan de générosité qui a permis de financer la construction. Pierre le dit souvent : ce n'est pas notre maison, c'est celle des donateurs, de ceux qui ont donné avant pour qu'on puisse acheter le terrain et de ceux qui donnent depuis, qui nous permettent de l'équiper aujourd'hui et de la faire vivre demain.

Les choses sérieuses ont commencé. Première surprise : le bâtiment que nous souhaitions rénover n'était pas assez saine et ne répondait plus aux normes en vigueur, le plus simple et le plus sûr était donc de la raser et de reconstruire une structure neuve avec de bons matériaux. Nous avons revu tous les plans et opté pour un ensemble de 700 m^2 répartis en trois bâtiments en enfilade, et reliés les uns aux autres : le premier abritant quatre grands studios équipés pour loger les bénéficiaires qui viendront de loin ; ensuite une salle de réentraînement à l'exercice physique, essentielle pour améliorer leur condition ; et enfin la « maison de vie », destinée à abriter les ateliers liés au mieux-être et au développement personnel, que je détaillerai plus loin. Entre la destruction, l'assainissement du terrain, les recours administratifs, les appels d'offre aux entreprises et les arbitrages, nous avons pu symboliquement poser la première pierre avec nos parrains Nikos, Mickaël et Patrick en mai 2018. Je me souviens de leur échange :

Nikos : « Tu vois cette pierre, elle symbolise le fait qu'on peut changer le monde quand on tend la main. »

Micka : « Je l'imagine chaleureuse, cette maison. Pleine de rires, de joie, de vie. Ce qui est beau, c'est que c'est une démarche collective. »

Patrick : « On ira jusqu'au bout quoi qu'il arrive. On n'a pas le choix, il y a des gamins et des familles qui attendent. »

Dans le texte *Vient le temps* qui ouvre ce chapitre, Grégory écrit « *On a tous à grandir de soi / Aller plus loin que ce qu'on croit…* » C'est exactement ça. Les projets de vie sont les meilleures réponses à la souffrance, et tous les jeunes n'ont pas la chance d'avoir un environnement favorable. J'ai envie de donner aux autres ce que nous avons donné à Greg. La Maison Grégory Lemarchal ne sera pas une maison de vacances mais un lieu de soutien, d'écoute, d'accompagnement en dehors de l'hôpital. Elle s'inscrit dans le parcours de soins, mais sans le médical. Les deux forment un tout. On n'obtient pas forcément la même réponse à la question « est-ce que tu vas bien ? ». Si c'est un médecin qui la pose, il entend chiffres, volume respiratoire, évaluation. C'est son rôle. À la même question, une art-thérapeute par exemple suggère « comment tu gères la maladie personnellement ? » La Maison, c'est un peu répondre à cette question depuis différents points de vue.

Nous ne pouvions imaginer cette maison sans l'adhésion et le concours de patients et des soignants des CRCM. Pour mettre au point l'offre de la structure, nous avons créé un comité de suivi de la Maison qui a lui-même, entre autres, organisé des rencontres avec un panel de personnes concernées par le projet. Médecins, infirmières coordinatrices, psychologues, nutritionnistes, kinésithérapeutes, assistantes sociales, art-thérapeutes, et bien sûr des personnes atteintes de mucoviscidose sont ainsi venues de toute la France pour élaborer avec nous les conditions d'accueil, les protocoles d'hygiène pour assurer une sécurité maximale, faire ressortir les attentes des patients et réfléchir ensemble sur les actions à mettre en place concrètement pour garantir l'élaboration d'une maison chaleureuse, conviviale, animée et adaptée. Nous n'avons eu que des retours positifs, et ce fut un grand soulagement. Surtout, nous faisions le même constat : la maison serait d'abord destinée en présentiel aux adultes et greffés, ce qui permettrait de limiter les risques d'éventuelles transmissions de germes, mais nous nous adresserions très vite aux non-greffés, pour répondre à une donnée démographique essentielle, l'augmentation de l'espérance de vie. Depuis quelques années seulement, en effet, on recense plus d'adultes que d'enfants chez les patients atteints de mucoviscidose, avec toutes les problématiques que cela comporte pour les insérer dans la société. Et les formidables avancées récentes de la recherche, notamment en ce qui concerne de nouveaux médicaments, révolutionnent complètement les perspectives d'avenir et nous devons être au rendez-vous.

Entre la naissance de Grégory en 1983 et son départ en 2007, nous n'avons jamais eu autant d'espoir que nous en avons maintenant pour les nouvelles générations. Avec Greg, nous avions toujours les mêmes antibiotiques, auxquels les bactéries devenaient résistantes, et rien n'améliorait sa condition sur le long terme. Nous devons saluer les efforts, et surtout les trouvailles, notamment du laboratoire Vertex Pharmaceuticals, qui a mis au point ces dernières années des médicaments associant plusieurs molécules qui corrigeraient les causes mêmes de la mucoviscidose en agissant sur le dysfonctionnement de la molécule d'origine déficiente. Kalydeco, Orkambi, Symkevi ont montré des résultats très encourageants, mais c'est le dernier en date, aujourd'hui en 2021, qui nourrit le plus d'espérances. Sans rentrer dans les détails, le Trikafta (Kaftrio en Europe), est une trithérapie qui pourrait changer la vie des « mucos » : moins de soins journaliers, moins de séances de kinésithérapie, voire plus du tout, prise de poids, capacités respiratoires augmentées de 20 à 25 % en moyenne, et la perspective d'une vie plus normale, avec la possibilité de faire des études, de travailler… Juste vieillir, voir des rides se dessiner sur leur visage… Avec le temps viendront encore d'autres avancées. Nous les attendons, notamment parce que ces médicaments ne couvrent pas la totalité des mutations de la mucoviscidose, et que la recherche continue pour tous les autres patients. C'est trop tard pour Greg, mais la réalité est bien là pour ceux qui restent. Depuis la création de l'association, nous nous sommes battus pour rendre plus sûre encore la transplantation pulmonaire, parce que c'était la seule solution pour prolonger la vie, mais nous ne souhaitons qu'une chose, c'est que l'on puisse s'en passer. En attendant, pour les patients adultes d'aujourd'hui, il faut reculer au maximum l'échéance de la greffe, et s'occuper de tous ceux qui ont dû y avoir recours.

La mucoviscidose tue encore. Je n'oublie pas, le cœur serré, ceux qui ont été privés de temps. Alexandre, Adrien, Manon, Romain, Aurélie et tant d'autres, vous êtes avec moi. Quand je pense à la Maison Grégory Lemarchal, je me tourne vers les vivants. L'ouverture de cette maison corrobore les avancées réelles de la prise en charge : si la population ciblée évolue avec le temps et que nous accueillons une proportion décroissante de greffés, sa raison d'être, le soutien et l'accompagnement, sera plus que jamais justifiée. Le « pour qui » va changer, le « pour quoi » reste valable pour tous les jeunes atteints de mucoviscidose. Et ce que nous montrent bien toutes nos études, tous nos entretiens, nos rencontres professionnelles, et notre expérience personnelle, c'est que la maladie a un impact à chaque étape de la vie. Elle met son nez partout, alors nous aussi.

*

* *

Comme un CRCM réunit toutes les spécialités liées à la maladie, la Maison réunit des professionnels qui vont s'attacher à construire ensemble des solutions liées à la vie des « mucos » hors hôpital. Nous allons travailler les aspects corporels et la valorisation de l'image de soi, souvent mise à mal par la maladie, et favoriser l'expression de tout ce que les mots ne peuvent plus dire, notamment par l'art-thérapie, le théâtre, le chant… Les jeunes ne pourront pas venir juste pour deux heures et repartir, nous avons opté pour une formule de stage d'une semaine, en journée, avec des plannings élaborés permettant de s'adapter aux besoins. Chacun devra arriver avec un objectif, un manque exprimé, une envie d'aller vers quelque chose. Nos activités seront encadrées par des professionnels du mieux-être, du sport, de l'écoute, du coaching et des arts. L'équipe, outre la directrice de l'établissement, comptera donc une psychologue, une assistante sociale, des coachs certifiés pour accompagner les jeunes dans leur insertion socio-professionnelle, et des intervenants extérieurs pour animer les différents ateliers proposés. Et bien sûr, nous suivrons les avancées de chacun des bénéficiaires après leur passage à la Maison. Je ferme les yeux et j'entends déjà les rires, les confidences, je vois les sourires, la vie qui reprend le dessus et balaye tout sur son passage. Cette maison, c'est un jeune qui sourit à la vie, c'est Grégory qui sourit sur la photo utilisée pour l'association depuis quatorze ans. Bienvenue à la Maison Grégory Lemarchal, à toi maintenant d'écrire ton histoire.

*
* *

Le combat continue. Depuis quatorze ans, nous n'avons pas trouvé meilleure expression pour dire que c'est Grégory qui a initié la voie, et que nous ne faisons que suivre le chemin. Il y a quelques années, Pierre s'adressait ainsi à nos sympathisants : « J'entends encore la voix de Grégory remplir le Centre des congrès d'Aix-les-Bains, le 13 mai 2006. *Rêver un impossible rêve*. C'était son anniversaire. Il avait choisi de clôturer son spectacle en reprenant a cappella *La Quête*, de Jacques Brel. « *Tenter, sans force et sans armure, d'atteindre l'inaccessible étoile*. » Ne pas écouter ceux qui vous donnent perdant, s'autoriser à rêver qui que l'on soit et d'où que l'on vienne, tout essayer pour atteindre son objectif, « *et puis lutter toujours sans questions ni repos / Pour atteindre, à s'en écarteler ; pour atteindre l'inaccessible étoile* » : telle était sa quête, telle est celle aujourd'hui de l'association qui porte son nom. Cette quête a une fin programmée. Nous avons pour but ultime de clôturer l'Association Grégory Lemarchal. Cela signifiera que l'on a gagné, que l'on peut vivre avec la mucoviscidose et que nos jeunes sont en sécurité. Ce sera notre plus belle victoire. Je l'attends. De tout mon cœur.

On me demande parfois encore si j'ai fait mon deuil. Je ne sais pas ce que ça veut dire. La douleur me paraissait insurmontable, mais j'ai continué à avancer du côté des vivants. J'ai accepté que mon fils ne soit plus là physiquement, mais je vis avec lui d'une autre façon. Je ne combats pas sa mort, je combats la maladie qui l'a emporté. Grégory ne vieillira jamais, il aura toujours vingt-quatre ans, mais le temps, lui, n'est pas figé. Je le dis à ceux qui ont perdu un être cher, le pire est de se replier sur soi-même, cela demande du courage de s'ouvrir aux autres, c'est difficile, mais c'est la seule source d'apaisement. Vous ne risquez pas d'oublier. Quand l'amour est si fort, il résiste à tout. On ne tourne pas la page, les livres qu'on aime, on les emporte avec soi pour la vie.

Association
Grégory
Lemarchal
EN FINIR AVEC LA MUCOVISCIDOSE

Pour suivre les actualités
de l'Association Grégory Lemarchal
Pour faire un don
Pour devenir bénévole

Rendez-vous sur le site
www.association-gregorylemarchal.org
BP 90124 – 73001 CHAMBÉRY CEDEX

Scannez ce QR code avec l'appareil photo
de votre téléphone mobile, et découvrez
un message de Laurence Lemarchal pour vous.

Remerciements

Comme Grégory après la finale de la Star Academy, j'ai moi aussi des *Merci(s)* plein la tête, pour celles et ceux qui m'ont soutenue, rassurée, m'ont redonné de l'énergie quand j'en avais besoin, et sans qui ce livre n'aurait jamais vu le jour.

Merci particulièrement aux éditions Michel Lafon, pour m'avoir permis en 2009 et à nouveau aujourd'hui de mettre des mots sur l'insoutenable et délivrer notre message.

Merci à toi, Michel, qui m'a fait confiance dès le début, pour ta fidélité et ta bienveillance.

Merci à toi, Margaux, pour ton écoute, tes conseils et ta patience face à mes incertitudes. Tu m'as toujours comprise.

Merci à vous, Huguette, de m'avoir guidée, parfois brusquée, je l'avoue, mais toujours avec empathie.

Merci, Marc, de m'avoir accompagnée entre « je ne suis plus certaine » et « est-ce que ce sera utile ? », et d'avoir révélé avec justesse le fil de ma pensée, il y a douze ans comme aujourd'hui.

Et puis… un merci très spécial à toi, mon Doudou. Si seul mon nom figure sur la couverture de ce livre, je n'aurais pu lui donner naissance sans toi. C'est NOTRE histoire, depuis trente-huit ans.

Table des matières

CRÉDITS

Avec l'aimable autorisation
d'Universal Music Publishing SAS

- JE RÊVE Auteur : Grégory Lemarchal © Case Productions / Une musique / Universal Music Publishing
- T'AS VAINCU Auteur : Grégory Lemarchal © Case Productions / Une musique / Universal Music Publishing
- TU PRENDS Auteur : Grégory Lemarchal © Case Productions / Une musique / Universal Music Publishing
- LES SOUVENIRS DE TOI Auteur : Grégory Lemarchal © Case Productions / Une musique / Universal Music Publishing
- ELLES Auteur : Grégory Lemarchal © Case Productions / Une musique / Universal Music Publishing
- TU ME RENDS PLUS FORT Auteur : Grégory Lemarchal © Case Productions / Une musique / Universal Music Publishing
- ET SI TU SENS Auteur : Grégory Lemarchal © Case Productions / Une musique / Universal Music Publishing
- DE TON SOURIRE Auteur : Grégory Lemarchal © Case Productions / Une musique / Universal Music Publishing

Composition :

PRESS·PROD

Direction littéraire
Huguette Maure
assistée de
Estelle Flory
et Denis Bouchain

Imprimé en France par
CPI en avril 2021
Dépôt légal : mai 2021
N° d'impression : 3043263
ISBN : 978-2-7499-4724-2
LAF : 1171 bis